REDESIGNING SOCIAL INQUIRY

FUZZY SETS AND BEYOND

重新设计社会科学研究

[美] 查尔斯 C. 拉金（Charles C. Ragin） 著
美国加利福尼亚大学

杜运周◎等译

机械工业出版社
CHINA MACHINE PRESS

图书在版编目（CIP）数据

重新设计社会科学研究 /（美）查尔斯 C. 拉金（Charles C. Ragin）著；杜运周等译．—北京：机械工业出版社，2019.2（2025.5 重印）
（华章教材经典译丛）
书名原文：Redesigning Social Inquiry: Fuzzy Sets and Beyond

ISBN 978-7-111-61975-8

I. 重…　II. ①查…　②杜…　III. 社会科学 – 教材　IV. C53

中国版本图书馆 CIP 数据核字（2019）第 022756 号

北京市版权局著作权合同登记　图字：01-2018-8106 号。

本书是一部经典的定性比较分析（QCA）方法工具书，是开创者拉金几十年 QCA 方法突破研究的集大成，是深入学习和理解 QCA 的必备书。QCA 方法的独特之处是结合了定性方法与定量方法的特点，打破了传统的定性研究与定量研究的划分，适用范围广泛：它既可以用于小样本的案例研究（弥补案例研究外部推广性差的缺陷），也可以用于大样本的数据分析（弥补大样本研究缺乏定性判断和对于因果复杂性问题解释的局限），近年来已成为社会学、管理学、经济学、营销学、政治学、传播学等领域研究者开创"第三条研究道路"的新选择。本书共 11 章，易学易用，大部分章节结尾还有一定的软件操作指导，可操作性强，便于读者将原理与实际应用相结合。本书既介绍了 QCA 方法的基本原理，也强调了它在实际运用中的关键要点，是博士研究生、硕士研究生、社会科学研究者学习 QCA 方法的必备工具书。

出版发行：机械工业出版社（北京市西城区百万庄大街 22 号　邮政编码：100037）

责任编辑：袁　银	责任校对：殷　虹
印　　刷：固安县铭成印刷有限公司	版　　次：2025 年 5 月第 1 版第 8 次印刷
开　　本：185mm × 260mm　1/16	印　　张：11.5
书　　号：ISBN 978-7-111-61975-8	定　　价：59.00 元

客服电话：（010）88361066　68326294

Preface | 中文版序

开发模糊集的主要目标之一是建立一个能够处理语言固有的模糊性的数学系统。出于此原因，模糊集的创始人拉特飞·扎德（Lotfi Zadeh）预期，在充满模糊性的社会科学和人文科学中，他的模糊集创意将引发人们浓厚的兴趣。然而，知识变革首先发生在电气工程和计算机科学领域，这些领域迅速认识到这种新方法所提供的可能性。人们花费了数十年的时间，才终于将扎德的想法引入社会科学领域。1987年，澳大利亚心理学家迈克尔·史密森（Michael Smithson）发表了论文《行为与社会科学的模糊集分析》，尽管这篇文章很优秀，但是未能引起人们的关注。接下来关于模糊集的重要成果，就是我在2000年出版的著作《模糊集社会科学》。这本书将模糊集与集合论方法相结合进行实证分析，这种方法被称为定性比较分析（qualitative comparative analysis，QCA；参见我在1987年出版的《比较方法》）。QCA越来越受到社会科学家的欢迎，部分原因就在于QCA在模糊集中的坚实基础。

模糊集和QCA的结合产生了开展社会科学研究的新范例（template）。这个新范例与传统范例形成鲜明对比，特别是与北美和欧洲倾向于定量分析的社会科学家所采用的范例形成对比。传统范例很简单：首先设定一个因变量，进而提出一系列被认为可以解释该因变量的自变量。较好的情况是研究人员可以将不同的自变量与相互竞争的理论联系起来。研究人员通常通过从给定的观察总体中收集相关数据来检测他们的理论，如果案例数量可控，则关注整个总体；如果案例数量非常大，则关注观测的样本。然后，研究人员开发并检验一个或多个模型。每次检验的重点通常是竞争性自变量的相对解释力。因变量的变异是按照与不同理论相关的自变量进行划分和解释的。在本书中，我将讨论传统范例与我开发的替代范例的七对相应要素之间的关键对比。

变量与集合。传统范例的关键是变量。变量抓住了案例间变异的一个维度，这种变异包括水平、程度或种类。变量根据案例间的相对比较进行分类、排序或排列，通常基于算术平均值。例如，有些国家“更民主”，有些国家“不那么民主”；有些人“收入较高”，有些人“收入较低”。相比之下，集合是归类，比变量更偏向于案例导向，因为集合需要隶属度（degree of membership）标准并且有分类结果。变量可以被标记为“民主程度”，集合却不能被这样标记，因为该标签没有使用隶属度标准来评估案例。但是，我们可以定义和构建“民主国家集”，并列出该集合的相关成员。

案例通常在满足隶属度标准的程度上有所不同，这是模糊集产生背后的灵感。使用模糊集，隶属分数的范围可以从0.0（完全不隶属）到1.0（完全隶属）。模糊集既是定量的，也是定性的。完全隶属和完全不隶属是定性状态，这两个状态之间是该集合中不同程度的隶属度，其中0.5是“偏隶属”与“偏不隶属”之间的定性交叉点。隶属分数的分配直接来自研究集合的定义和标签。

测量与校准。传统社会科学中的测量通常基于指标的使用。指标必须满足最低要求，即它们必须以反映潜在构想的方式排列案例。基于归纳推导，通过特定样本的统计数据（如均值和标准差），评估案例相对于彼此的得分。例如，“高”的分数会高于均值，“低”的分数则会低于均值。指标的所有变异通常都被视为有意义，并且按表面的值进行评价。

常规变量是“未校准的”。案例的得分仅相对于彼此进行参照理解。例如，有可能说一个国家比另一个国家更民主，甚至比平均水平更加民主，但仍然不知道它是民主还是专制。相比之下，模糊集的校准包含相对于外部标准的测量解释。使用外部标准可以校准测量。例如，利用未校准的变量［如人均国民所得（GNP per capital）］来校准“富裕国家”集合中的隶属度，必须明确某一国家完全隶属富裕国家集合的分数，还需要明确将这个国家完全排除出富裕国家集合的分数，同时需要明确“偏隶属”与“偏不隶属”的定性交叉点的分数。如何将一个集合概念化并进行标记对模糊集校准来说至关重要。

因变量与定性结果。因变量通常是传统范例的焦点。研究人员通常认为研究的目的是解释所选因变量的跨案例或纵向变异。例如，遵循传统范例，对“福利紧缩”感兴趣的研究人员可能会试图解释过去几十年来各发达工业社会福利支出水平的变异，重点关注与支出水平变化相关的自变量。不同的理论对这种变异提供不同的解释。

在替代范例中，研究人员首先将这种现象概念化为一种定性结果——一种可观察到的变化或不连续性。例如，研究人员不是试图解释各国在几十年内福利支出水平的变异，而是将“福利紧缩”概念化为在特定时间和地点发生的结果。当我们看到这个结果时，我们如何知道什么是“福利紧缩”？研究人员需要明确“福利紧缩”的主要特征。在确定了几个好的例子并在一定程度上对它们进行研究之后，研究人员可以制定评估不同案例（跨时间和空间）对这一结果的隶属度的标准，然后可以使用这些标准将结果的隶属度校准为模糊集。评估结果的关键是使用外部的实质性标准来定义感兴趣的现象并评估其表现程度。一般而言，定义定性结果（如福利紧缩）和评估案例在结果中的隶属度需要研究人员投入更多的精力，其中需要研究人员进行很多诠释工作，而不是简单、机械地选择因变量并解释其变异（如福利支出的纵向和跨案例变异）。

给定总体与构建总体。大多数传统方法使用的是给定的或便利的总体，或来自这些总体的样本。社会科学研究的理想典型人口是全国随机抽样的家庭。研究人员也喜欢使用国家、企业行为者或特定受众感兴趣的特定总体。这些总体通常具有表面效度（face validity），研究人员依靠这一点来证明其使用的合理性。

但是，如果研究人员想要解释定性结果，那么使用“给定”总体有时是错误的。通常，对定性结果的研究起始于确定有关定性结果的好的例子。对这些案例的深入研究有助于界定和阐明结果并建立隶属标准。一旦明确并检验了正向的案例，就有可能构建结果的候选总体，包括正向和相关的反向案例。当研究人员避免“给定”总体，而去构建总体时，反向案例在一开始时不为人所知，只有在他们确定结果的“候选资格”之后才能确定。因此，替代范例规定仔细选择反向案例。

相关性与集合关系。传统的定量社会科学研究几乎完全是基于相关分析的。从多元回归到因子分析再到结构方程模型，这些分析所需的全部是二元相关矩阵，以及矩阵中包含的变量的均值和标准差。因为相关系数在计算中是完全对称的，所以当使用相关性来评估条件存在与结果存在之间的关系时，它同样检测了条件缺失与结果缺失之间的关系。

因为相对系数是对称的，所以相关性无法评估集合关系。最常见的集合关系是子集关系。例如，“发达国家是民主的”这个观点是集合关系：发达国家是民主国家的一个子集。与相关关系不同，集合关系是不对称的。“发达国家是民主的”这一观点并不要求非发达国家是非民主的。可能有许多非发达国家是民主的，这些国家的存在与最初的观点不相悖。如上所述，这是不对称的。一般来说，对充分性（“共享结果”）和必要性（“共享前因条件”）的评估是集合论的与不对称的。

相关矩阵与真值表（truth table）。大多数传统定量方法分析二元相关矩阵或它们的数学等价物，然后用这些分析结果来评估两组值在案例间并行的程度。使用相关性，没有直接检验案例的某些方面如何匹配在一起。虽然计算“自变量”

的“净效应”（net effects）似乎可以考虑“其他变量”，但对其他变量的考虑仅仅是基于对二元相关的简单操作公式，没有直接考虑在实证案例中案例的某些方面如何组合起来，也没有直接考虑这些组合的结果。

相反，真值表是对给定数据集中存在的案例类型的直接检验。它列出了相关前因条件（causal ingredients）的不同组合，并将每种组合视为不同“类型”的案例。具有相同前因条件组合的案例被集合在一起，从而可以评估它们是否就结果达成一致。前因条件的每种组合作为一个特定情况的集合，以其自身的条件进行检验。如果具有特定前因条件组合的案例结果不一致，那么，应基于每个“矛盾”行中的正向和负向案例的比较，将其他前因条件添加到真值表中，或者需要以其他方式重新规定真值表。

净效应与前因配方（recipe）。传统社会科学研究范例强调解释变量之间的竞争性。每个自变量的净效应计算和因变量中解释变异的划分是该方法的中心任务。每个前因变量的净效应和统计显著性是基于其对因变量中解释变异的独特（非重叠）贡献。自变量与因变量的相关性越大，与竞争变量的相关性越低，其净效应越大。净效应思维将前因变量彼此分开，并试图净化对每个变量的单独影响的评估。

相比之下，在案例导向的研究中，研究人员通常关注前因条件如何组合产生结果。前因条件具有可以单独评估的“独立”效应的观点与这种从根本上类似配方的理解社会因果关系的运作方式背道而驰。此外，结果可能不只由一个前因配方产生，并且可能没有一个条件对结果是必要的或充分的。因为因果配方的焦点在于每个案例中前因条件如何组合，所以替代范例比传统范例更加以案例为中心。

此序言中概述的替代范例为跨案例证据的调查提供了创新的分析策略。这些创新建立在集合论原理的基础上，尤其是模糊集分析方法。替代范例将跨案例分析转变为一种更加以案例为导向的方式，从而增强了跨案例分析和案例内分析之间的对话。它还明确了社会科学研究的解释性本质。替代范例更多地依赖于研究人员的理论和实质性知识及兴趣，而不是依赖于简化分析假设（例如，每个前因条件具有独立影响）。最后，这个新范例通过社会科学研究明确的集合分析，使得理论与实证研究之间的联系更加紧密，因为理论主要由体现不对称集合关系的言语陈述组成。

查尔斯 C. 拉金

2018年9月于美国加利福尼亚大学欧文分校

The Translator's Words | 译者序

2016年金秋，秋高气爽，桂花飘香，我与机械工业出版社的吴亚军先生在南京讨论起什么是未来的趋势，我们可以为学者们做些什么。我推荐了QCA方法，当时我的理由是，QCA不仅是一种分析技术，而且它将改变我们的思维方式。亚军是一位很敏锐的优秀出版人，他选择了信任我，于是我们决定翻译出版QCA方法的经典著作并传播它。当时有几本QCA经典著作可以选择，其中一本是查尔斯 C. 拉金的《重新设计社会科学研究》，另一本是我们已经在2017年7月翻译出版的中国第一本QCA著作：《QCA设计原理与应用：超越定性与定量研究的新方法》。后者是查尔斯 C. 拉金与伯努瓦·里豪克斯共同编写的一本QCA经典入门书。这本书的出版吸引了学术同行的广泛关注，我也因此先后受邀到教育部全国高校教师网络培训中心、北京大学、中国人民大学、武汉大学、南京大学、同济大学、华南理工大学、华东理工大学等交流QCA方法的原理和技术，并于2017年11月10～12日与机械工业出版社华章分社共同在东南大学经济管理学院组织了第一届定性比较分析（QCA）方法工作坊，吸引了来自香港和内地的众多高校研究学者200余人参与研讨交流。

2018年6月17日在武汉召开的中国管理研究国际学会（IACMR）会议上，我邀请浙江大学魏江教授、南京大学贾良定教授、华东理工大学阎海峰教授、苏黎世联邦理工学院约翰内斯·梅尔（Johannes Meuer）研究员，以及开发了QCA分析R包的布加勒斯特大学阿德里安·杜萨（Adrian Dusa）教授，一起组织了一个QCA方法原理、应用与论文发表工作坊。《外国经济与管理》的宋澄宇主任，以及高校李永发教授、程聪教授、霍伟伟教授等也积极支持了此次QCA活动。2018年11月23～25日，由东南大学经济管理学院、机械工业出版社华章分社联合主办的第二届定性比较分析（QCA）方法与论文发表工作坊在东南大学四牌楼校区成功召开。来自中山大学、浙江大学、西安交通大学、中国人民大学、南京大学、南开大学、同济大学、厦门大学、中国科学技术大学等130余所高校的280多位老师和研究生参与了研讨交流。第二届工作坊首次把论文发表与工作坊活动结合起来，东南大学经济管理学院赵林度院长出席开幕式并致欢迎词，胡汉辉教授、李东教授亲临支持并分别主持了主题报告和期刊对话等相关活动。《管理学季刊》联席主编、南开大学张玉利教授，中国人民大学王凤彬教授，南京大学贾良定教授，《管理世界》原主编蒋东生教授分别做了主题报告。《南开管理评论》副主编程新生教授，《管理学报》郭恺主任，《外国经济与管理》宋澄宇主任，《管理学季刊》联席主编张玉利、李海洋、井润田，创始主编李新春，领域编辑贾良定、朱沆等期刊代表以不同方式对工作坊给予了鼎力支持。池毛毛老师、张明博士等参与了工作坊论文评审。每一次活动都得到了同行们的积极响应、支持和陪伴，要列出所有做出贡献的人的名字一定会超出篇幅的限制和我薄弱的记忆力，非常感恩已列出和没有列出名字的朋友和同行！

QCA方法吸引人的原因之一是它改变了我们长期以来理所当然的分析思维定式和假定，用整体的认识和组合的思维帮助我们认识世界。每一次思想的解放和创新变革的发生，都伴随着人们思维定式的改变。柏拉图把知识定义为“有正当化理由的真信念”，这里包括了三层含义：一是知识是某人认同的一种判断或命题（信念）；二是有事实或者某种依据支持这种判断或命题是真的，即信念是真的；三是存在证据或者合理化的解释，可以让人相信这种信念。熟悉定量分析方法的研究者，长期受到的思维训练都是基于相关分析的，比如回归、结构方程等。这些传统范式分析的一个共同特点是聚焦于变量层面的“净效应”分析思维。回答的问题是在其他变量相互竞争的情况下，某一变量对研究结果的净效应是否显著以及强度有多大。这一分析思路和技术不能有效地分析在复杂的社会现象中，经常是多种因素共同决定结果的情况。QCA的组合思维给我们开启了另一扇窗户，让我们可以去探索一个更加丰富的复杂世界。正如柏拉图所说：“只有通过组合已知才能创造新知。”聚焦于变量层面的分析思路与聚焦于变量组合（案例导向）的分析思路反映了认识方式的不同，前者更强调分析思维，后者更强调整体思维。熟悉中西方文化差异的学者很容易理解这种差异，就如在餐桌上点餐，西方人每人点一道菜，各吃各的；而在中国的餐桌上，点餐一定要讲究菜品之间的搭配。西方传统分析思维使我们关注单个“菜品”而忽略了菜品组合的丰富性、多样性和变化性。

QCA方法吸引人的原因之二是它取代了相关关系，它对必要和充分条件关系的分析，第一次让理论和实践语言匹配起来。我一直在关注实践者的语言特点，发现他们的讲话中经常会出现“必要”“必须”“充分”“一定”等词语，比如，在一次校园报告中华为副总裁孟晚舟引用“一万小时定律”，提出“一万小时的锤炼是任何人从平凡走向非凡的必要条件”。同时她又强调，一万小时的锤炼是必要条件而非充分条件。以往我们的理论语言与这类实践语言没有办法对话，因为前者分析的是不明确的相关关系而非集合关系。集合论分析两种重要的关系：一是分析必要条件关系，即具有特定结果的案例是否或在多大程度上共有前因条件。比如，作为中国管理模式奖评审委员之一，我发现9家获得2018年中国管理模式杰出奖（结果）的企业都在数字化转型（条件）上表现出色，因此数字化转型是他们获奖的必要条件。二是分析充分条件关系，即具有相同前因条件的案例是否或在多大程度上具有相同的结果。比如，如果今年各业务增长率达到6%，那么我们的全年销售目标就可以实现了。至此，你或许已经发现QCA方法和集合关系的表达第一次使得理论语言与实践语言非常接近。这就是集合论和QCA的魅力所在，也是未来它们可以有长久生命力的原因。今天管理学等社会科学面临的一个挑战就是理论与实践的脱节。我们要出国，雅思必须过多少分？学生考多少分才能找到好的学校？类似的话题是经常在工作、生活中出现的，但是传统的相关分析方法没有办法回答这些问题，所以理论与实践严重脱节。QCA方法让逻辑严密的理论回归生活，贴近实际。

关于这本书的翻译出版，不得不谈到一位“天才”和“一万小时定律”的超级实践者——查尔斯C.拉金教授，他既是QCA方法的开创者也是本书的作者。如果5年10 000个小时的锤炼是一个人从平凡成为世界大师的必要条件，而拉金教授已经为QCA投入了30年或至少60 000个小时，所以上天没有理由让这样一位“天才”不成功。拉金教授19岁获得学士学位，22岁在北卡罗来纳大学教堂山分校（简称北卡）社会学系完成博士论文答辩，顺利毕业，获得社会学博士学位。在传统社会科学研究中，一直存在两种主要的社会科学研究方法：定性与定量。拉金教授在读书期间就开始对变量导向的方法与案例导向的方法之间存在的差异感兴趣。工作后，拉金教授经常因定量分析方法不能处理因果复杂性及其结果的不稳定性而感到沮丧，比如，定量分析的结果经常会由于一个缺失值或微小的测量误差而改变，而案例研究经常被质疑缺乏普适性。拉金教授开创的QCA方法超越了定性与定量的界限，通过将案例视为条件的组态（configuration/

combined condition)、用条件组态取代自变量、用组态思想代替净效应思想、用集合关系代替相关关系，整合了定性分析与定量分析的优势，使社会科学研究从线性相关分析步入了一个“集合”分析的时代。QCA 方法使得因果复杂性和组态的分析在方法实现上得到了有效支撑，解决了很多组态视角的理论与分析方法不匹配的问题。由于结合了定性分析与定量分析的优势，QCA 方法既适用于小样本、中等样本的案例研究，也适用于大样本的量化分析，并大大提升了理论的实践切题性，使 QCA 在社会学、政治学、管理学、传播学、信息管理、营销学、药学等领域中具有广泛的应用前景。

正是由于 QCA 方法的巨大突破，2009 年美国社会学协会（ASA）主办的《当代社会学》杂志曾刊文称拉金教授开创的 QCA 方法为“拉金革命”。拉金教授于 1989 年获得国际社会科学理事会（ISSC）授予的斯坦因·罗卡奖（Stein Rokka Prize），于 2014 年获得美国社会学协会授予的拉扎斯菲尔德奖（Paul F. Lazarsfeld Award），以表彰他在方法论上做出的杰出贡献。2017 年 12 月 12 ～ 14 日在苏黎世联邦理工学院召开的国际 QCA 专家会议上，包括我在内的 QCA 方法研究者共同在 QCA 方法开创之作（即 1987 年出版的《比较方法》）上留名，感谢拉金教授 30 年来所做出的杰出贡献。

方法也许没有最好，更重要的是与理论或信念的匹配。本书全面地将传统基于相关分析的范式与 QCA 的新范式做了对比，包括集合关系与相关关系、校准与测量、条件组态与“自”变量、因果复杂性分析与净效应分析。用比较的思想来分析方法，这也符合作者一贯的思维。系统的比较，有助于读者理解 QCA 是什么，能做什么传统方法做不到的分析，能回答什么传统方法回答不了的问题，能揭示什么样的新关系，因此有助于读者将 QCA 方法与所研究的理论问题尤其是复杂因果关系更好地匹配。此外，书中系统地介绍了 QCA 方法的原理和操作，在涉及操作的章节中，作者都在该章的最后介绍了采用模糊集定性比较分析（fuzzy-set qualitative comparative analysis，fsQCA）如何逐步实现相关的分析。在第 11 章中，作者还与费彼尔（Peer C. Fiss）教授合作撰写了一个实证的展示，这也有助于初学者了解 QCA 研究的规范样式。

我对研究方法产生兴趣以及后来决定在 QCA 方法上投入时间和精力，并翻译相应经典著作帮助更多的中国学者，要得益于 2012 年 5 月至 2013 年 5 月，我在北卡社会学系的访学经历。2011 年 8 月在美国南部的圣安东尼奥市召开的国际管理学年会上，我有幸结识了霍华德 E. 奥尔德利奇（Howard E. Aldrich）教授，即当时北卡社会学系的系主任、世界著名的创业学和社会学教授、组织演化理论的主要开创者之一，并有幸受奥尔德利奇教授邀请到北卡进行访学，从此，拉金教授的母校北卡社会学系就成为我学习新知识的殿堂。在这里，我学习了奥尔德利奇教授开设的“组织社会学”课程，社会学者 Guang Guo 教授开设的“类别变量分析”课程，以及 Kenan-Flagler 商学院的杰弗里 R. 爱德华兹（Jeffrey R. Edwards）教授开设的“应用研究方法Ⅰ & Ⅱ”等课程。这些课程使我对社会学理论和分析方法有了更深入的理解，也让我产生了对 QCA 方法的兴趣和亲近感。与奥尔德利奇教授以及百森商学院菲利普·金（Phillip Kim）（毕业于北卡）的长期合作也促使我不断学习新的知识。我们三个“北卡人”在另一个“北卡人”拉金教授开创的 QCA 方法上找到了共同的语言。

我对于 QCA 方法的坚持和顺利完成本书的翻译，得益于国内同行对于 QCA 活动的兴趣和支持，也得益于几位在管理学领域内应用 QCA 方法的领军学者的鼓励，他们是南加利福尼亚大学费彼尔教授、苏黎世联邦理工学院约翰内斯·梅尔博士、伦敦商学院多纳尔·克里利（Donal Crilly）教授，以及路易斯安那州立大学托马斯·格瑞汉姆（Thomas Greckhamer）教授等。费彼尔教授给我写信表达了对我翻译此书的感谢：“相信这必将对正在成长的 QCA 社群产生重要的贡献。”他很开心地强调：“不要把我的名字翻译成皮尔 C. 费斯，我的中文名字叫费彼尔。”他还专门把自己的中文印章找出来拍照发给我，并用英文注解每一个汉字名字的含义。

这本书得以顺利完成翻译，要感谢团队集体的努力和付出。黄宝萱负责第 1 章和第 3 章的翻译，黄宝萱和我负责第 2 章的翻译，我还负责第 4 章和第 5 章的翻译，燕蕾负责第 6 章和第 7 章的翻译，刘秋辰负责第 8 章和第 9 章的翻译，王小伟负责第 10 章和第 11 章的翻译。除了正文内容的翻译外，我还负责完成本书前言、目录的翻译，并对所有章节的译稿进行了校正。这本书能够顺利呈现给读者，也要感谢机械工业出版社吴亚军先生的辛勤工作；感谢《管理世界》杂志社蒋东生老师对于 QCA 方法的肯定；感谢北卡校友拉金教授专门为我们翻译的中文版写序，系统地介绍了 QCA 方法的起源和相较于传统方法的特点；感谢费彼尔教授、约翰内斯·梅尔博士、多纳尔·克里利教授、托马斯·格瑞汉姆教授、张玉利教授、魏江教授、王永贵教授、贾良定教授等专家学者的推荐，他们极大地加深了国内同行对 QCA 方法的认知和认可，加速了 QCA 方法的传播；还要感谢没有列出姓名的其他同行朋友和默默支持我的家人；感谢国家自然科学基金面上项目“自恋人格、多层次制度逻辑与众创空间内创业者战略选择及效果研究”（项目编号：71672033）的资助。

正如本书书名所示，我们正处在一个重新设计社会科学研究的变革时代，我们努力翻译好这本书是为了QCA方法在中国的应用和发展，与世界同行共同参与这场研究变革。相信这本书能够让读者系统地学习QCA方法的思维、原理与应用。我们倾尽所能来减少翻译的错误，但难免百密一疏，望读者朋友指正。

杜运周

2019年1月于东南大学九龙湖校区

Preface | 前　言

我首先要谈一谈这本书的书名《重新设计社会科学研究》。虽然我有时会很想真正重新设计社会科学研究，但这是一项艰巨的任务，需要许多有思想的学者几十年的努力。我的目标是在本书中为这项艰巨的任务提供一些可能的线索。当然，也有人会说社会科学研究不需要重新设计，只需要正确执行。通常的争论是，的确存在一个发展良好且众所周知的社会科学研究范例，但问题是研究人员极少遵守。根据这种观点，合适的范例由大样本定量研究提供，这种研究定义明确且拥有看似无限的总体，其重点关注的是在适当设定的线性模型中计算“自”变量的净效应。这就是本书中讨论的社会科学研究范例，但并不是一个糟糕的范例，而是一个优秀且清晰、明确的范例。问题在于，它经常被吹捧为最好的范例，甚至是唯一的范例（例如，King, Keohane, and Verba，1994），而事实上还有很多强大且富有成效的备选范例。本书基于对集合关系的分析，提出了一种新的替代范例。

虽然我对传统的定量研究范例持批判态度，但《重新设计社会科学研究》一书并不是对 Gary King、Robert Keohane 和 Sidney Verba 的《社会科学研究设计》（*Designing Social Inquiry*，1994）的批评。Henry Brady 和 David Collier 的《社会科学研究反思》（*Rethinking Social Inquiry*，2004）一书从统计理论和定性研究的角度进行了彻底的分析和批判。然而，本书描绘的是定量和定性社会科学研究之间的中间路径。这种中间路径不是对定性和定量方法的妥协，也不是试图从另一方面重塑形象。相反，我在本书中的目标是通过扩展和阐述社会科学研究的集合论原则来推进超越传统定量及定性研究局限性的方法（Ragin，1987，2000）。

本书的统一主题是，集合关系分析对社会科学研究至关重要。尽管定性研究者很少用这些术语说话，但定性分析基本上是关于集合关系的。举一个简单的例子：如果我采访的所有（或几乎所有）厌食症少女都有非常挑剔的母亲（也就是说，厌食症少女构成了拥有非常挑剔母亲的少女的一个一致性子集），那么在解释厌食症的原因和背景时，我将毫无疑问地考虑这种联系。这种对一致性（consistency）联系（例如，在给定的一组案例中或多或少地一致存在的因果相关的共性）的关注是定性研究的特征。它是所谓的分析归纳技术的基石（Lindesmith，1947）。然而，尽管其集合理论性质对嫁接定性和定量方法的任何尝试都具有深远影响，但这并未得到广泛的认可。与此同时，许多社会科学家也并未意识到研究集合关系与研究统计学关联是两种迥然不同的研究路径。他们仅仅将集合关系分析等同于名义变量列联（交叉）表，并因此将集合关系的研究看成初步的定量分析。本书的一个目的是消除社会科学研究中关于使用集合的此类以及其他根本性误解。

同样重要的是要认识到，因为几乎所有的社会科学理论本质上都是用言语表达的，所以这些理论也基本上是关于集合、集合关系的。[⊖]如果我断言民主与发展之间存在着密切的联系，那么发达国家就都是民主国家，而我的论点本质上是发达国家集合构成了民主国家集合的一个子集。实际上，欠发达国家也是民主国家（因此提供证据表明其他途径也可通向民主）这一事实并不以任何直接方式对该主张进行破坏。毕竟，这一论述涵盖了发达国家的情形——发展足以实现民主。几乎所有社会科学理论的集合论性质如今都没有得到大多数社会科学家的承认。他们被束缚在这样一种观念中：必须在对集合论观点进行“测试”之前将其改造为对称的相关论证。事实上，尽管相关性相对较弱（例如，由欠发达国家子集中存在的其他民主路径削弱），但经验证据仍可以强烈地支持集合论观点（例如，表明发达国家确实几乎都是民主国家）。那么，相关性弱或仅仅适度相关会对集合理论提出质疑吗？本书的一个中心论点是，作为社会科学理论的支柱，集合论观点应该按照其自身的术语进行评估，即（不对称的）集合关系而非（对称的）相关论证。

因为似乎需要使用名义尺度变量和看似原始的分析形式（如简单的交叉制表），社会科学家通常避免使用集合论分析。然而，自模糊集（Zadeh，1965）出现以来，人们便不再需要使用这些尺度和分析形式。有了模糊集，人们可以使用集合论推理（即对定性研究和社会科学理论都至关重要的推理类型），并考虑隶属度的精细等级（如民主国家集合中的隶属度）。由此产生的分析并不是相关性的，但是保留了对集合与集合操作（如子集、超集、交集、并集、非集、De Morgan 定律，以及

⊖ 定性分析和社会科学理论在本质上都是集合论，这一事实解释了定性研究与理论发展之间存在自然联系的部分原因，尤其是概念的形成和阐述。另见 Eckstein（1975）。

真值表等）产生的所有权力和分析的严谨性。本书阐述了如何将集合论、定性和定量分析以及对理论话语的忠诚度融入重新设计社会科学研究的努力之中。

King、Keohane 和 Verba 的中间路径

与《社会科学研究设计》(King, Keohane and Verba，1994）一书中所提出的中间路径大不相同，本书中的中间路径超越了前者，而非有所退步。与批评小样本研究的 Liebérson（1992, 1998）等人不同，King、Keohane 和 Verba 对中间路径的看法很直接，他们接受定性研究的科学有效性和实用性，承认其众多优势。他们的核心建议是定性研究者应采用增强定性研究与定量研究相容性的方式进行研究。例如，King、Keohane 和 Verba 批评了在相同结果的多个实例中寻找共同前因条件的共用定性策略（例如，成功从威权主义过渡到民主的国家所共有的因果相关条件)。从变量导向研究的角度来看，这种策略是有缺陷的，因为：①结果和共享的前因条件在不同案例间都无变化；②该策略犯了“选择因变量”的错误，这是一种在定量方法教科书中被普遍劝阻的做法。[㊀]King、Keohane 和 Verba 的隐含论点是，如果定性研究者愿意放弃这种以及其他不科学的实践，那么将更容易对定性研究的结果与定量研究的结果进行协调。

当然，这个有误导的建议（“永远不要选择因变量”）只是 King、Keohane 和 Verba（1994）提出的众多建议中的一个。他们的建议很有思想，且大多数非常有用。但是他们的建议决定了定量研究的优先级和优先性，且他们对中间路径的看法是，中间路径是定量研究的核心原则用到定性研究中的延伸。虽然雄心勃勃，但这种观点是有缺陷的。

该观点的第一个缺陷是，它假设有效的一般知识直接来自对定量方法的恰当应用。从本质上讲，King、Keohane 和 Verba 声称社会科学已经拥有了产生一般知识的良好技术，而研究者手头的任务是重新制定定性方法，以使其更符合定量研究的范例。这种观点的问题在于，它毫无疑问地假设定量研究范例是产生有用和有效的一般知识的最佳（或唯一）方式。大多数社会科学家承认，有不止一条路径可以通向一般知识。

㊀ 正如我在《模糊集社会科学》（Ragin，2000）中和其他地方（例如 Ragin，1997）所论证的，“选择因变量”不仅是一种有用的策略，特别是当研究人员对研究必要条件感兴趣时（Clément，2004），而且是在理论上定义（而非“给定”）总体构成的重要步骤。另见 Mahoney 和 Goertz（2004）。

他们对中间路径看法的第二个缺陷是，它与日常逻辑和经验不一致。获取一般知识（特别是社会现象）的最常见途径，是积累有关特定情况或案例的知识。在日常经验中，我们从具体知识中建立一般知识，例如我们通过与同事的反复互动来了解他们的性情。有时我们测试自己所学到的东西，就像我们预测同事在即将召开的会议中会说什么或做什么一样，但我们的“测试”依赖于对特定案例的知识这一坚实基础。有鉴于此，定性研究与定量研究之间的中间路径应该包括从案例导向的知识中建立一般知识的方法，即来自对特定情境中特定案例的理解（Ragin，2003a, 2004b）。也就是说，中间路径应该清楚地阐释使能或禁用特定经验联系和结果的不同背景与条件。中间路径不应该包括以完全不同的知识形式取代案例导向的知识的方法，例如围绕隔离自变量净效应尝试而组织的方法，即传统定量分析的中心目标。

第三个缺陷即最后一点是，King、Keohane 和 Verba（1994）的图表中的中间路径基本上是现有定性方法的限制或妥协版本。实际上，他们认为某些定性实践比其他实践更具生产力，而研究者应该只利用最具生产力的实践（即提供最大“分析杠杆”的实践）。因此，他们利用定性研究和定量研究之间的桥梁建立了与现有定性方法的相对狭窄子集之间的联系。相反，我提供的替代路径寻求的并非定量方法和定性方法之间的妥协路径，而是超越其各自局限的路径。简而言之，我的目标是为传统实践提出真正的替代方案。

四组对比

四组基本对比构成了本书的四篇：集合关系与相关关系、校准与测量、条件组态与“自”变量，以及因果复杂性分析与净效应分析。这四组对比都是集合论分析与传统定量分析的对比。

出于多个原因，我明确关注这种对比。第一，传统定量分析的范例是清晰、明确的，它显然是进行社会科学研究的主要方式，特别是在今天的美国。因为它是如此清晰，所以与集合论分析的对比既广泛又非常明确。第二，与传统定量分析相比，集合论分析的独特性最为明显。例如，考虑这样一个事实，传统定量分析的基石，即相关系数，与集合论分析几乎完全无关。第三，有点矛盾的是，与传统定量分析的对比很重要，因为许多社会科学家认为传统定量分析包含了对集合关系的分析。例如，他们看到了集合论分析与交叉表的传统分析之间的直接对应关系。虽然使用表格检查清晰/布尔集（crisp/Boolean set）是完全可行的，但是集合论分析基本上“解构”了传统的交叉表。第四，我希望通过与传统定量分析的对比来证明，集合论分析不只限于小样本或中等样本研究。在《比较方法》（Ragin，1987）和《模糊集社会科学》（Ragin，2000）中，我都强调了中小型样本研究，这一领域在很大程度上被传统定量分析所忽视。在某种程度上，我在这两本书中的目标是填补这一空白，并证明系统的跨案例分析不需要大量的案例样本。[㊀]然而，我清楚地知道，我为中小型样本研究开发的集合论分析方法可以有效地扩展到大样本研究中。本书通过四组主要对比阐述，提出了这一扩展。

集合关系与相关关系。在第一篇（第1～3章）中，我提供了重要的背景材料，用于理解社会科学研究中集合关系分析的独特性。一个关键的对比是相关关系（和大多数其他关联度量）与集合关系之间的差异，前者在设计上是对称的，而后者是根本不对称的。这种区别是重要的，因为集合论分析，如更普遍的定性研究，侧重于统一性和接近统一性，而非关联的一般模式。正如第1章所论述的，我们有可能将单个对称分析（2×2交叉制表）解构为两个不对称集合论分析，其中一个侧重于充分性，另一个侧重于必要性。关键是要理解，分离的子集关系提供了关于社会现象如何进行联系的重要信息，而且这些信息在相关性中是模糊的。我在第2章中将这些论证扩展到模糊集中，随后在第3章中展示了如何对集合关系的一致性和经验重要性进行定量度量。这些简单的描述性度量为改进清晰集和模糊集分析提供了基本工具。

校准与测量。第二篇（第4章和第5章）解决了校准与测量的重要问题。与物理科学形成鲜明对比的是，校准在社会科学中几乎是未知的。相反，测量只需要反映相关基本概念的变异。我们通过使用相关系数作为传统定量分析的基础来加强对校准所缺乏的关注，因为相关性分析仅要求测量值在归纳导出的样本特定平均值附近变化。在传统定量分析中使用的度量标准经常被忽略，对特定分数或分数范围的实质性解释也是如此。相比之下，在不考虑校准问题的情况下进行有意义的模糊集理论分析是不可能的，必须校准所有模糊集，这意味着必须根据外部标准解释分数。例如，在“高收入”父母的集合中，什么样的收入水平有资格

㊀ 虽然几乎所有依赖概率论的方法都会憎恶小样本案例甚至中等样本案例，但社会科学家不应该避开弄清楚5～50个案例的挑战，特别是当他们有机会深入了解这些案例的时候。另见Berg-Schlosser（2002）。

获得完全隶属度？这不是可以直接从频率分布中催生的数值，这一数值必须基于具有表面效度的外部标准或指南。第4章讨论了在经验社会科学中长期忽视校准的问题，并认为“校准”的关键是使用模糊集。第5章介绍了将定距和定比尺度校准为模糊集的两种方法。我演示了研究人员如何利用他们的理论和实质性知识将精确但未经校准的定距和定比尺度测量转换为经过良好校准的模糊集的方法。

条件组态与“自”变量。第三篇（第6章和第7章）介绍了传统定量方法的核心焦点与集合论方法的核心焦点之间的对比——前者将给定分析中的每个自变量在分析上视为不同和独立的个体；后者将案例研究视为原因和条件的组态。两者之间的关键区别在于前因“配方”的概念——与结果相联系的前因相关成分的特定组合。在集合论工作中，前因配方的思想是直截了当的，因为原因组合的概念直接来源于集合交集的原理。有了模糊集，评估案例在给定前因配方中的隶属度就成了一件简单的事情，只需通过它在构成配方的模糊集前因条件的交集中的隶属度来表示。相比之下，传统定量方法（如回归分析）的主要优势之一是，它们能够解析因变量中所解释的变化——将其划分为分析上独立的自变量。为了用传统定量方法检查条件组合，就有必要使用乘法交互项，这不仅烦琐、难以解释，而且往往彼此之间、与组成变量之间高度相关。第6章详细阐述了作为条件组态的案例研究的基本原则，特别关注前因配方的概念。第7章通过展示如何使用真值表综合模糊集分析结果来深化该方法，而模糊集分析针对给定前因条件集合中逻辑上可能的组态。

因果复杂性分析与净效应分析。在第四篇（第8～11章）中，我提供了一种用于分析因果复杂性的集合论方法，部分基于对反事实分析在社会科学研究中的作用的考察。[⊖]彻底检查因果复杂性需要考虑所有逻辑上可能的前因条件组合。然而，自然发生的社会数据在多样性方面受到严重的限制，并且通常仅呈现少数相关的经验组合。因此，研究人员必须以某种方式参与到反事实案例中，要么直接使用思想实验，要么间接通过对因果关系性质的假设（例如，传统定量研究中的可加性假设）。第8章介绍了反事实分析的集合论方法，使用真值表来阐述有限多样性（limited diversity）的概念。从这个角度来看，很明显，无论所检查的案例数量如何，反事实分析几乎总是非实验性社会科学研究中的一个问题。我强调所有社会科学研究中的理论和知识依赖性，并批评传统定量研究者忽视了反事

⊖ 反事实案例是一种实质上相关的前因条件组合，但在经验上并不存在。反事实分析涉及评估某种情况如果在事实上存在时可能呈现出来的结果。

实分析的明确需要及其知识依赖的本质。第9章介绍了“容易”和“困难”反事实之间的区别，并展示了如何使用集合论方法形式化“容易”反事实的引入（这是一个隐含在大多数案例导向型研究中的过程）。将我对反事实分析的讨论（第8章和第9章）以及我的实证论证（第11章）联系起来就是对第10章中我所说的净效应思维局限性的检验，即主导当今社会科学的分析元理论。第11章使用了被称为贝尔曲线数据（Herrnstein and Murray，1994）的大样本数据集，通过提供演示来结束本书。我提出了与贫困相关的个体水平特征组合的模糊集分析，并将这些结果与相同数据的传统净效应分析进行了对比。

致谢

要将过去几年里对我在本书中所提出的想法做出贡献的所有人都一一列出来是不太可能的。我相信我可能会遗漏很多人，其中不乏一些非常有影响力的人。我最应该感谢的是当我在会谈中以及在工作坊中展示这些材料时对我提出疑问的不知名的朋友们。我希望随后的回应足够表达出充分的谢意。

我要感谢身边以及远方的同事，他们对本书中所提出想法的多种版本都进行了评论。我感谢 Edwin Amenta、Howard Becker、Henry Brady、Ron Breiger、David Byrne、David Collier、Barry Cooper、Gary Goertz、Lane Kenworthy、Bruce Kogut、Jim Mahoney、Michael Minkenberg、Lars Mjøset、Benoit Rihoux、Carsten Schneider、Svend -Erik Skaaning、Steve Vaisey、Claudius Wagemann，以及芝加哥大学出版社的读者们。我特别要感谢 Sean Davey，他在易于操作的软件中实现了我的想法，并且几乎消灭了逻辑漏洞，感谢 Sarah Strand 在参考书目和索引方面对我的帮助。我还要感谢芝加哥大学出版社的 Doug Mitchell 及其同事们对我的坚定支持和鼓励。

许多机构和组织也对这项工作进行了大力支持。国家科学基金会、奥斯陆大学和亚利桑那大学的各个部门（包括 Udall 公共政策研究中心、社会和行为科学研究所以及社会学和政治学部）都给予了我们直接和间接的支持。在这个项目发起之时，我还是加利福尼亚州斯坦福大学行为科学高级研究中心的一名研究员。

我还要感谢我的妻子 Mary Driscoll，并将这本书献给她。她不仅在我们的共同生活中为这本书腾出了空间，而且从这些想法和概念推出之初到完成之时，她都在帮助我战斗。

目　录 | Contents

PART

1

第一篇

集合关系与相关关系

第 1 章

CHAPTER1

社会科学研究中的集合关系：基本概念

当定量社会科学家考虑集合时，他们通常不会考虑得太深入。他们想：“这是一个名义变量。我可以将它们转变成虚拟变量并将它们运用到线性模型中。”或者他们会想：“嗯，我可以运用子总体。”定性研究者也没有太大的不同。他们想：“这是案例类型，我可以构建（并解构）它们。”这两种观点在认识社会科学研究中集合关系分析的重要性上都有所不足。考虑到几乎所有的社会科学理论都是用言语表达的，因此，它是根据集合和集合关系来制定的。例如，当一个理论陈述“小农户是厌恶风险的”时，这个说法是集合理论的：小农户是风险规避者的一个子集。以往这种陈述通常由社会科学家转化为关于变量之间相关性的假设，之后使用标准的相关技术（如多元回归分析）来评估这些假设。本章认为，根据集合关系制定的理论应该按照自己的术语来评估，即应根据集合关系而不是相关关系来陈述。在这个过程中，本章提供了关于社会科学研究中的集合关系的总体概述。

集合关系的本质

最简单且最基础的集合关系是子集，当它涉及嵌套类型时是最容易掌握的。狗是哺乳动物集合中的一个子集；新教徒是基督徒集合中的一个子集，而基督徒又是有神论者集合中的一个子集。这些子集的关系是直接且容易被理解的，因为它们本质上是定义性的：狗具有哺乳动物的所有特征；新教徒集合构成了基督徒集合的一部分。这些例子涉及传统的清晰集，因此它们易于掌握且易于用维恩图来表示。例如，表示狗的集合的圆圈完全包含在表示哺乳动物集合的较大圆圈内。（当然，许多观察者会认为，新教徒集合并不是清晰集，而是一个模糊集，我在第 2 章中会讨论模糊集的问题。）

比这些简单的、定义性的子集关系更重要的是另一种子集关系，它描述了有因果关系或其他以整体方式相关的社会现象。例如，当研究人员认为“宗教原教旨主义者是政治保守的”时，实际上表明了，他们认为宗教原教旨主义者构成了政治保守者集合的一个子集，甚至可能提出，宗教原教旨主义者的原教旨主义是导致他们政治保守的原因。同样，一位研究人员提出拥有强大的“公民社会”是成为“发达国家”的必要条件，这意味着发达国家集合构成了具有强大公民社会国家集合的一致性子集。在这个例子中，关系是构成性的，而不是因果性的。

当集合关系反映出完整的社会或因果关系，而不仅仅反映本质定义时，它们需要解释，即它们是依赖于理论与知识的。举例来说，假设在第三波民主化浪潮中，所有采用议会制政府的国家都很快失败了，因此，在第三波民主化浪潮中采用议会制政府的国家集合构成第三波民主化浪潮中失败国家集合的子集。失败只是因为运气不好吗，是巧合吗？或者说，在第三次民主化浪潮中，这些国家“采用议会制政府”的举措与紧接着“失败”的结果之间存在因果或其他一些不可分割的关系吗？在这个例子中，集合关系不是定义性的，它必须以某种方式来解释。这种类型的集合关系是几乎所有社会科学理论研究的核心，是本章和本书的重点。

集合关系是非对称的

与相关关系相反，集合关系有一个重要的特点，即它们是不对称的。例如，事实上有许多政治保守派并不是宗教原教旨主义者，这并不以任何方式挑战“宗教原教旨主义者是政治保守的”这一说法。又如，如果我的理论提出“发达国家是民主国家”，那么，本质上我是在陈述“发达国家集合是民主国家集合的一个子集”。存在欠发达的民主国家这一事实并没有使我的集合论主张失去效力。当然，这种情况确实削弱了发展与民主之间的相关关系——也就是说，如果关系是对称的，它们会反驳我的论点。完全对称的情况应该是，“发达国家是民主的，不发达国家是不民主的”。然而，对论点的重新表述以可能没有根据或并非有意的方式扩展了它。正如最初所说的那样，这一论断是不对称的，就像一般的集合论公式一样。

集合论的论点常常被错误地重新表达为相关性假设。事实上，这个错误是所有当代社会科学中最常见的错误之一。例如，一个理论可能这样陈述：由于新成立的民主国家面临着许多变幻莫测的外部情况，在第三波民主化浪潮中采用议会制政府的国家不太可能存活下去。传统的社会科学家在了解这个论点后，试图用第三波民主化浪潮中国家的数据来检验“议会制政府”和“(民主化）失败”之间的相关关系。假设集合论的数据支持这个理论，也就是说，“在第三波民主化浪潮中采用了议会制政府的国家”集合是“在第三波民主化浪潮中民主化失败的国家”集合的一个子集。尽管存在着这种明确的关系，“议会制政府”和“(民主化）失败”之间的相关性仍然可能是相对较弱的，因为还存在着许多导致（民主化）失败的因素，也因此存在着许多民主化失败的国家，它们采用了其他形式的非议会制政府。集合论所陈述的“在第三波民主化浪潮中采用议会制政府的国家失败了”并没有被这些案例所推翻。然而，这些非议会制政府的失败路径严重地削弱了“议会制政府”与“(民主化）失败”之间的相关性。

考虑“民主和平论”的论断，即民主国家不会对彼此发动战争。这个说法本质上是说，双方都是民主的国家构成完全（或接近完全）的非战争国家的子集。当然，在民主的配对国家集合和至少一方是民主国家的配对国家集合中，交战的比例可能都非常低。争论的焦点并不在于这两个比率之间的差异，而是在一系列配对的民主国家中，交战的比率为零或接近于零。民主配对国家构成了非战争配对国家的近乎完美的子集，这表明这种安排（民主国家之间的国际关系）可能足以实现和平共处。当然，还有许多其他途径可以用于和平共处，而且由于存在多种替代路径，“民主”与“非战争”之间的相关性可能较弱。

表 1-1 和表 1-2 说明了相关关系和集合关系之间的关键区别。表 1-1 表明了在第三波民主化浪潮中“采用议会制政府的国家”和“(民主化）失败”之间存在与相关关系相一致的结果模式。第二行表明了非议会制政府民主化失败的趋势，第三行表明了议会制政府民主化成功的趋势。虽然从相关性的角度来看结果非常令人满意，但是对一个对集合关系感兴趣的研究者来说，这个表不能令人满意，因为表中没有可以被认为是明确的或一致的关系。然而，这类研究人员将对表 1-2 非常感兴趣，因为它表明了“议会制政府”与“(民主化）失败”之间的一致性关系。表 1-2 中的第三列表明，采用议会制政府形式的 16 个案例都失败了。尽管这个表对于对集合关系感兴趣的研究者来说意义重大，但这个表会使对相关关系感兴趣的研究者失望，因为“政府形式”与“国家民主的存续或失败”之间的相关性相对较弱。

表 1-1 相关关系

	总统制政府	议会制政府
在第三波民主化浪潮中，民主化失败的国家	7	11
在第三波民主化浪潮中，民主化成功的国家	17	5

表 1-2 集合关系

	总统制政府	议会制政府
在第三波民主化浪潮中，民主化失败的国家	15	16
在第三波民主化浪潮中，民主化成功的国家	9	0

总而言之，在社会科学研究中的集合关系：①涉及连接社会现象的因果关系或其他整体关系（即不仅仅是定义性的）；②是依赖于理论和知识的（即需要解释）；③是社会科学理论化的核心（因为理论本质上是用言语表示的，而言语陈述经常是集合论的）；④是非对称的（因此不应该被重新定义为相关性的论据）；⑤即使相关关系相对较弱，集合关系也可以非常强（见表 1-1 和表 1-2）。

集合关系的两种重要类型

案例导向的研究者（更普遍的表述是定性研究者）集中关注对集合关系的分析，这在他们识别显式关系（explicit connections）的努力中是显而易见的（Ragin and Rihoux，2004）。然而，他们很少以集合论和正式术语来看待他们的工作，所以我有时将他们称为隐式布尔（implicit Booleans）。例如，案例导向的研究者通常试图在一组案例间识别共同点（commonalities），然而这常常集中在数量相对较少且刻意选择的案例组中（如 Vaughan，1986）。为什么要寻找共同点？因为它们意味着重要的实证关系。例如，假设在我的研究中，所有（或几乎所有）的厌食女孩都说，她们从食物和锻炼中获得了成就感。我灵光一闪，紧接着继续探索其中的关系。事实上，这种共同点就是集合关系。再考虑另一个例子：对社会革命（social revolution）的考察表明，在每一个案例中，社会革命前都会出现某种形式的国家崩溃（Skocpol，1979）。有论据表明，国家崩溃和社会革新之间存在着集合关系。在这样的情况下，"社会革新集合是国家崩溃集合的子集，而且两者之间存在着重要的因果关系"这一推测也许是合理的。

两种一般的分析策略都涉及寻找共同点。第一种策略是研究共享给定结果的案例（例如，在第三波民主化浪潮中民主存续的国家）并试图分辨它们共有的前因条件[⊖]（例如，它们共享总统制政府形式的可能性）。第二种策略是研究共享特定前因条件的案例，或是（更普遍的）前因条件的特定组合，并评估这些案例是否呈现出相同的结果（例如，政党分化、行政弱、经济发展水平低下的国家是否都遭遇了民主崩溃）。两种策略在本质上都是集合论的，第一种策略是检验具有特定结果的案例是否构成了共有前因案例的子集；第二种策略是检验具有特定前因条件或前因条件组合的案例是否构成共有结果案例的子集。这两种策略可以用图 1-1 中的维恩图来说明。

两种策略都是建立显式关系的方法。例如，如果发现所有（或几乎所有）在第三波民主化浪潮中民主存续的国家都采用了总统制政府，那么总统制政府和民

⊖ 术语"前因条件"在本章以及本书中的其他地方，一般用于指代与研究者对于某些结果的解释以某种形式相关的案例的某个方面。

主存续之间就建立了显式关系。⊖同样，如果发现所有（或近乎所有）在第三波民主化浪潮中经济发展水平低下、党派分化且行政弱的国家，在民主化进程中都失败了，那么这种条件组合和民主崩溃之间就建立了显式关系。如前所述，建立显式关系与建立相关关系并不相同。例如，在第三波民主化浪潮中，假设采用了总统制政府的国家的民主存活率是60%，而采用了议会制政府的国家的民主存活率是35%，显然，这两组被设定为变量的方面（总统制政府与议会制政府，民主存续和民主崩溃）之间存在着相关关系。然而，这种论据并不等同于集合关系。因此，在这种情况下，该论据表明的是相关关系，而不是总统制政府与民主存续之间的显式关系。

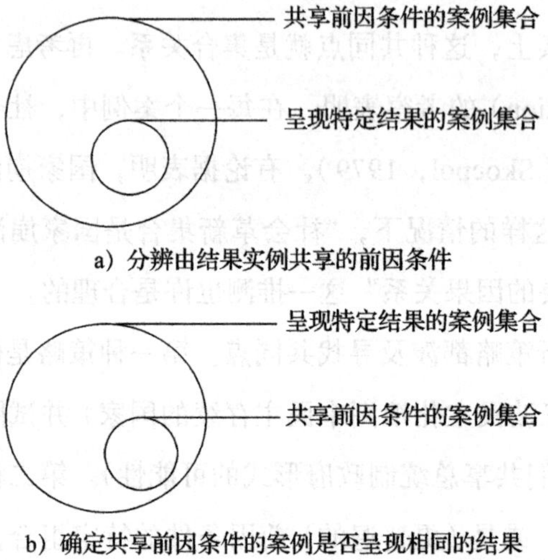

b）确定共享前因条件的案例是否呈现相同的结果

图 1-1 两种不同类型的案例导向研究的维恩图

正如我（2000）所解释的那样，第一种分析策略（识别具有特定结果的案例所共有的前因条件）适用于评估必要条件。第二种分析策略（研究具有相同前因的案例，以确定它们是否具有相同的结果）适用于评估充分条件，尤其是充分条件组合。确定必要或充分条件是许多研究人员长期以来的兴趣，尤其是那些从事宏观社会或宏观政治层面工作的研究人员（Goertz and Starr，2002）。然而，需要指出的是，使用集合论方法去建立显式关系，并不一定必须使用充分性和必要

⊖ 这两种策略都不期望或依赖于对完美集合论关系的证明。例如，如果几乎所有（而不是所有）民主存续实例都涉及总统制，那么研究人员无疑都会接受将其作为“总统制”与“民主存续”之间的整体关系的证据。Ragin（2000）介绍了使用基准对概率评估设定理论模式的具体程序。

性的概念或语言，或任何其他因果语言。例如，一个研究人员可能会观察到，在民主崩溃的例子中，这些国家都是前殖民地，而并没有从这个观察中得出任何因果关系。举一个更简单的例子，教师同事可能只会在教师会议上“表达不满”，而这并不意味着分析者必须因此把教师会议解释为“表达不满”的必要条件。**论证显式关系是社会科学的核心，而无论其中是否有必要或充分的因果关系，或其他因果关系。**

相关方法有时会错失关系

相关方法与显式关系研究之间的不匹配在变量导向分析的最简单报告形式中是显而易见的，参见表 1-3“结果存在 / 缺失”与“前因条件存在 / 缺失”的 2×2 交叉表。相关性同时并等效地关注前因条件导致案例结果的程度（单元格 2 中案例的数量和单元格 2、单元格 4 中案例数量总和之比），以及前因条件缺失与结果缺失的案例关系在一起的程度（单元格 3 中案例的数量和单元格 1、单元格 3 中案例数量总和之比）[⊖]（或者可以说，相关性同时并等效地关注，呈现出特定结果的案例与前因条件存在案例之间的关系程度，以及不呈现出特定结果的案例与前因条件缺失案例之间的关系程度）。关键在于相关性是一种综合统计量，若研究者使得单元格 2 和单元格 3 中产生大量案例，则统计量将更大；而若案例大量存在于单元格 1 或单元格 4 中，则统计量将更小。因此，相关性是研究一般的跨案例趋势的工具。

表 1-3　“结果存在 / 缺失”与“前因条件存在 / 缺失”的 2×2 交叉表

	前因条件缺失	前因条件存在
结果存在	单元格 1：案例削弱了研究者的论点	单元格 2：案例支持了研究者的论点
结果缺失	单元格 3：案例支持了研究者的论点	单元格 4：案例削弱了研究者的论点

然而，一个对显式关系感兴趣的研究人员，只对那些以相关关系进行汇总和合并信息的特定组成部分感兴趣。例如，对特定结果的案例所共有的前因条件感

⊖ 在这里，通常使用术语“相关性”来指对于两个变量之间关联强度的检验，而不是作为 Pearson's r 的具体参考或作为产生 Pearson's r 的计算。

兴趣的研究人员将会关注表 1-3 中的单元格 1 和单元格 2。他们的目标是确定那些尽可能少地存在（理想情况下是不存在）于单元格 1 中的相关前因条件。同样，对前因条件相似的案例是否也将有相同的结果感兴趣的研究者会关注单元格 2 和单元格 4。他们的目标是确定那些尽可能少地存在（理想情况下是不存在）于单元格 4 中的相关的前因条件组合。从这些例子中可以很清楚地看出，从显式关系的角度来看，相关关系存在两个主要的缺点：①它只涉及相对差异（如总统制和议会制的相对生存率）；②它合并了不同类型的因果评估。我们进一步注意到一个在相关分析中非常重要的单元格——单元格 3，其中既不存在原因也不存在结果，它与两种显式关系中任何一种的评估都没有直接关系。

因此，显式关系的研究涉及变量导向研究中的最基本单位的分解——相关性。这种分解使得定性研究策略的运用成为可能，而这种策略在我看来，本质上是集合论的：研究具有相同结果的案例，以确定其因果关系特征；研究具有相关前因条件组合的案例，以确定它们是否将显示出相同的结果。

需要指出的是，相关性并不仅仅是一个双变量统计量。它是多数传统变量导向社会科学研究的基石，包括今天正在使用的一些最复杂的定量分析形式。双变量相关矩阵，以及相关矩阵中包含的变量的平均值和标准差，是计算回归分析、因子分析乃至结构方程模型所必需的。实质上，这些不同的分析技术提供了表示矩阵中双变量相关性的各种方式，以及可以使用基于三个或更多双变量间相关性的公式构建的各种偏相关关系（例如，多重回归中自变量的净效应）。因为它们依赖双变量相关性作为实证分析的基石，如本章所述，这些复杂的量化技术绕开了对显式关系的研究。这种相关性的根本缺陷是许多进行定性研究和案例导向研究的学者拒绝使用相关性方法的根源。

定性比较分析与显式关系

与相关性分析相比，定性比较分析（QCA）以集合论为基础，因此非常适合于研究显式关系，如图 1-1 所示。QCA 的一个特别有用的特征是其分析复杂因果关系的能力，**复杂因果关系**被定义为一个结果可能来自于几种不同的前因条件组合，也就是说，来自于不同的前因“配方”㊀（recipes）。例如，研究者可能有充分的理由认为，在第三波民主化浪潮中国家的民主存续存在着多种不同的“配方”。通过研究相关前因条件的不同组态的案例结果，使用 QCA 使得辨认决定性条件组合从而解决因果复杂关系问题成为可能。

使用 QCA 分析因果复杂关系的关键工具是真值表，这是一种可以进行结构化比较、重点比较的工具（George，1979）。真值表列出了前因条件在逻辑上可能的组合以及每个组合相关的实证结果。㊁因此，它们直接实现了上述的第二种显式关系（充分性）。例如，根据理论与实质性知识，一个学者可能会提出，民主存续的一个关键方法涉及几个条件的组合：总统制的政府形式、执行力强的政府、党派分化水平低、非左翼（communist）的过去。表 1-4 呈现了实现这个论点的真值表。由于有 4 个前因条件，因此逻辑上可能的条件组合（因果组态）有 16 种。在更复杂的分析中，行（表示前因条件的组合）可能相当多，因为前因条件组合的数量是前因条件数量的指数函数（前因条件组合的数量 = 2^k，其中 k 是前因条件的数量）。

表 1-4　假设的真值表：与民主存续有关的前因条件

总统制的政府形式	执行力强的政府	党派分化水平低	非左翼的过去	民主存续
否	否	否	否	—
否	否	否	是	否
否	否	是	否	否
否	否	是	是	—
否	是	否	否	否
否	是	否	是	否
否	是	是	否	—
否	是	是	是	是
是	否	否	否	否
是	否	否	是	—
是	否	是	否	—
是	否	是	是	—

㊀ 配方是一种形象的比喻，指代条件的组态或者组合。——译者注

㊁ 需要指出的是，这里描述的程序不依赖于二分法的使用。真值表可以根据模糊集（集合隶属分数的取值范围为 0 ～ 1）建立，而不使用二分化模糊分数。这些程序充分利用模糊集方法核心的模糊隶属分数（见本书的第 3 章和第 7 章以及 Ragin，2000，2004a；Rihoux and Ragin，2008）。

（续）

总统制的政府形式	执行力强的政府	党派分化水平低	非左翼的过去	民主存续
是	是	否	否	是
是	是	否	是	是
是	是	是	否	—
是	是	是	是	是

注："—"表示，该行列出的条件组合没有实证案例。

读者可以在其他文章中（例如，Ragin，1987, 2000；De Meur and Rihoux，2002）看到对于使用真值表来揭示因果复杂关系的详细描述。重要的是，真值表阐述并形象化了比较研究的关键分析策略之一——研究共享特定的前因条件组合的案例，观察它们是否有相同的结果。实际上，真值表分析的主要目标是确定前因条件组合和结果之间的显式关系。通过列出条件在逻辑上可能的不同组合，不仅可以评估特定"配方"的充分性（例如，在表 1-4 的最后一行所提到的"配方"中，涉及所有的 4 种前因条件），还可以评估从这些前因条件上构建出的其他在逻辑上可能的条件组合的充分性。例如，如果一个案例完成了民主存续，且具备 4 种条件，而另一个案例也完成了民主存续，且只具备 4 种条件中的三种（剩余的一个条件不具备），那么研究者可以得出这样的结论：在这两个组合中所不同的那个前因条件，与民主存续无关。导致结果的关键要素是同时出现在两个组合中的那三个条件。除此之外，我（1987, 2000）、De Meur 与 Rihoux（2002）的文章详细地描述了用于逻辑简化真值表中组态的各种技术和程序。

通常，从一个假设的"配方"到一个真值表的转换，需要根据对相关案例的研究，刺激前因"配方"的改写或扩展。例如，假设真值表在最后一行中显示出大量的不一致性，即假设最后一行中的某些案例只有几个得到巩固，则结果的不一致性表明，研究者需要对案例进行更深入的探索，通过比较这一行中不能巩固和成功巩固的案例，就可以让对"配方"的详细说明成为可能。假设这一比较显示，所有未能巩固的案例都存在严重的精英分化。那么"精英分化这一条件的缺失"就可以被加入"配方"中，然后可以用这 5 个前因条件（因此有 32 行）来重新转换真值表。

细化真值表这一工作的要求是严苛的，因为它需要深入的案例知识以及理论、案例和真值表构造之间的许多迭代。实际上，真值表规范了研究过程，提供了一个将案例作为具有相同点和差异点的组态进行比较的框架，同时提供了探索案例结果一致性与不一致性的模式。

展望

这里描述的集合论原理为后续章节中谈到的社会科学研究技术提供了基础。本章描述的集合论原理的一个局限性是，它们只涉及清晰（布尔）集，因此可能看起来很粗糙。的确，一些社会科学研究者不接纳集合论分析的一个原因是，他们误认为集合论分析只适用于名义尺度变量。在第 2 章中我们将解决这个局限，提出集合论原理也可以应用在模糊集上，其模糊隶属分数可取 0 ～ 1 之间的数值。

实用附录：构建真值表

使用模糊集定性比较分析（fsQCA）（Ragin, Drass, and Davey，2007）使得利用二分类数据构建清晰集的真值表变得简单，研究者可以从 http://www.fsqca.com 网站上下载软件。这里的假设是，研究者有一个由二分变量组成的简单数据集，其中编码“1”表示“存在”，编码“0”表示“缺失”（模糊集的真值表构建将在第 7 章中进行讨论）。构建清晰集真值表的目标是：①研究案例在给定的二分前因条件构成的逻辑上可能组合的分布情况；②研究案例在前因条件的每个组合上产生给定结果的一致性程度。

1. 创建数据集。这个任务可以使用 fsQCA 来完成，其中包括直接输入数据和从其他程序中导入数据集的过程（例如，Excel 中的 comma-delimited files、SPSS 中的 tab-delimited files）。导入的文件应具有简单的变量名称（其中没有嵌入空格或标点符号）以作为数据集的第一行。缺失的数据应以空白单元格替代。

2. 当数据集都已被输入或导入，并显示在电子表格的窗口中，点击**分析**

（Analyze），然后点击**清晰集**（Crisp Sets）[⊖]，再点击**真值表运算算法**（Truth Table Algorithm），你将打开一个**选择变量**（Select Variables）的对话框，它允许指定结果和前因条件，也可以分析所选定结果的逆（反向）。

3. 在指定结果和前因条件后，点击**运行**，fsQCA 将使用指定的前因条件为指定的结果生成完整的真值表。真值表将在另外的电子表格窗口中单独打开。

4. 研究者首先感兴趣的是**数量**栏，它显示了案例前因条件组合间的分布情况。真值表首先呈现按频数排序的前因条件组合，以及案例的累计百分比（显示在**数量**栏中）。研究者应使用此栏中的信息来选择可能作为临界值的频数阈值。当一个研究中的案例总数很少时，阈值应该为“至少有一个案例”，并且应该删除真值表中案例数量为 0（**数量** = 0）的行。然而，当研究中的案例总数很多时，可以使用较高的阈值以避免测量和赋值上的误差，或产生某种“粗纹理”（coarse grained）分析。在删除真值表中的行时，只需要单击需要删除行的第一行，单击**编辑**，再单击**删除当前行至最后一行**即可。

5. 第二个主要关注点是一致性栏中所呈现的一致性得分。对清晰集来说，一致性分数就是在给定行中呈现出给定结果的案例的比例。1.0 分（或接近 1.0）是指高一致性——行中的案例一致地显示出给定结果。0.0 分（或接近 0.0）是指行中的案例不一致地显示给定结果。在使用清晰集时，处于中间的一致性分数（0.30 ～ 0.70）指的是，给定行中的案例在呈现 / 不呈现给定结果方面存在很大的差异。

一致性分数有两个主要用途。①它们可用于真值表中结果栏的编码，这是通过在标有结果变量名称的栏中手动输入“1”和“0”来完成的。②它们可以用于指导更进一步的研究。例如，假设存在几行的一致性得分表明案例之间存在矛盾，也就是说，许多案例呈现出特定结果，而许多案例没有呈现出特定结果。通过识别并仔细研究这些案例，研究者通常可以识别到一个能够添加到真值表中的前因条件，以解决矛盾。然后研究者可以重新设定包括这一额外条件的真值表。在我（1987）的书中可以找到更多关于使用由清晰集构建的真值表的细节。

⊖ 在新的 fsQCA 软件中，这一步已经不需要。——译者注

第2章

模糊集和模糊集合关系

CHAPTER2

许多社会科学家关注的现象会呈现出水平或程度的差异。例如，虽然有些国家显然是民主国家，有些国家显然不是民主国家，但也可以找到许多处于两者之间的国家。这些国家并不完全属于民主国家，也不被这一集合完全排除。许多社会科学家所关注的事物并不能很好地使用清晰集来解释，这一事实似乎使得第1章中所描述的，从集合关系的角度分析社会现象的所有优势都失效了。例如，如果发展和民主都是在精细的定距尺度（interval scales）上衡量，那么把发达国家视为民主国家的一个子集是否有意义呢？社会科学家不愿意通过集合关系研究社会现象的一个原因是，他们认为集合关系的研究仅限于名义尺度（nominal scales）的测量。这样的尺度不仅被认为是“原始的”，而且将定距尺度和定比尺度（ratio scales）重新编码形成的名义尺度（因此“降级”）几乎总是被质疑的。研究人员在选择临界值时会不会有失偏颇以使它支持一个特定的结论？

幸运的是，一套高度发达的数学系统已经可以用于解决集合中隶属度的问题：模糊集合理论（Zadeh，1965）。模糊集特别强大，因为它们允许研究人员使用0.0（完全不隶属）和1.0（完全隶属）之间的值来校准集合中的部分隶属程度，同时没有放弃核心的集合论原理和操作（如子集关系）。正如第 1 章所解释的，集合关系是社会科学理论的核心，但对集合关系的评价超出了传统相关方法的能力范围。

模糊集的本质

模糊集既是定性的，也是定量的，因为它们在集合隶属度的校准过程中同时包含了这两种相互区别的方法。因此，模糊集具有传统的定距尺度和定比尺度变量的许多优点，但同时它们也允许**定性**评估。考虑一个例子：美国在发达国家集合中可能获得 1.0（完全隶属）的隶属分数，但在民主国家集合中的隶属分数仅为 0.9（非常隶属但不完全隶属），尤其是在 2000 年总统选举之后的表现。隶属分数为 1.0 表示完全隶属于这个集合；隶属分数接近 1.0（如 0.8 或 0.9）表示强隶属但不完全隶属于该集合；小于 0.5 但大于 0.0 的隶属分数（如 0.2 或 0.3）表示更偏不隶属于该集合，但仍是该集合的弱成员；0.0 分表示完全不隶属于该集合。0.5 仍是定性锚点（qualitative breakpoints），因为它表示在评估一个案例是偏隶属于或是偏不隶属于该集合时的最大模糊点。

模糊集可以被看成一个连续的变量，它被有目的地校准，以表明案例在一个明确定义的特定集合中的隶属度（见第 4 章和第 5 章）。这种校准只有通过理论知识和实际知识的使用才能成为可能，理论知识和实际知识对于定义三个定性转折点（完全隶属、完全不隶属、最大模糊点）是必不可少的。例如，传统连续变量在较低范围内的案例可能都完全不隶属于所讨论的集合，其模糊隶属分数被截取为 0.0，而同一连续变量在较高范围内的案例可能完全隶属于所讨论的集合，其模糊隶属分数被截取为 1.0。

为了说明模糊集的一般概念，请读者考虑一个简单的三值集合，它允许案例处于“集合之中”和“集合之外”之间的灰色区域。如表 2-1 所示，三值模糊集的逻辑不是只使用 0.0 和 1.0 两个分数，而是增加了第三个值 0.5，用于标识既不完全处于所讨论模糊集之中也不完全处于集合之外的对象（比较表 2-1 中的第 1 列和第 2 列）。这个三值模糊集是一个基本的模糊集。一个更讲究但仍然简单的模糊集将使用四个数值，如表 2-1 的第 3 列所示。四值模糊集方案使用数值 1.0[㊀]、

㊀ 原文为 0.1，这里应该是 1.0。——译者注

0.67、0.33 和 0.0，分别表示“完全隶属”“偏隶属”“偏不隶属”和“完全不隶属”。在研究人员掌握大量案例信息，但信息并不系统或案例间并不严格可比较的情况下，这种四值模糊集方案尤其有用。更精细的模糊集将使用六个值，如表 2-1 的第 4 列所示。与四值模糊集一样，六值模糊集使用两个定性状态（完全隶属和完全不隶属）。六值模糊集在完全不隶属和最大模糊点之间插入两个中间值（“非常不隶属”= 0.2 和“有些不隶属”= 0.4），并且在最大模糊点和完全隶属之间插入两个中间值（“有些隶属”= 0.6 和“非常隶属”= 0.8）。

表 2-1 清晰集与模糊集

清晰集	三值模糊集	四值模糊集	六值模糊集	连续模糊集
1.0 = 完全隶属 0.0 = 完全不隶属	1.0 = 完全隶属 0.5 = 既非完全隶属，也非完全不隶属 0.0 = 完全不隶属	1.0 = 完全隶属 0.67 = 偏隶属 0.33 = 偏不隶属 0.0 = 完全不隶属	1.0 = 完全隶属 0.8 = 非常隶属 0.6 = 有些隶属 0.4 = 有些不隶属 0.2 = 非常不隶属 0.0 = 完全不隶属	1.0 = 完全隶属 偏隶属：$0.5 < X_i < 1.0$ 0.5 = 交叉点，既非“隶属”也非“不隶属” 偏不隶属：$0.0 < X_i < 0.5$ 0.0 = 完全不隶属

乍看之下，四值模糊集和六值模糊集可能与定序量表 / 尺度等同。事实上，它们与这样的尺度是完全不同的。定序量表仅仅按类别排名，并不像集合分数一样采用这些数值标准作为参考。在构建定序量表时，研究人员并不把类别与集合的隶属度挂钩；相反，对这些类别只是简单地做相对排列，产生排名顺序。例如，一个研究人员可能会开发出一个国家财富的六值定序量表，使用从贫困到超级富有的范畴衡量国家的财富。但是，该方案不能自动转换为如下的六值模糊集，其最低排名设为 0.0，下一排名为 0.2，依此类推（如同表 2-1 的第 4 列）。假设相关模糊集是富裕国家集合，定序变量国家财富排序最小的两个类别可以转换为完全不隶属于富裕国家集合（模糊隶属分数 = 0.0），接下来的定序等级可能转化为隶属分数 0.3（而非 0.2），最大的两个定序等级可以转化为完全隶属于该集合（模糊分数 = 1.0）。简而言之，将定序类别转换为模糊集隶属分数，取决于定比类别的特定内容与研究者对模糊集概念化和标签的匹配。这一点强调了研究人员必须使用实际知识和理论知识来校准模糊集的隶属分数的基本准则。校准应该是有目的和深入思考的，而不是机械的。[⊖]

⊖ 第 5 章详细讨论了模糊集校准的具体技术。

最后，如表 2-1 的最后一列所示，连续的模糊集允许案例在 0.0 ～ 1.0 之间任意取值。像其他模糊集一样，连续模糊集使用两个定性状态（完全隶属和完全不隶属）和最大模糊点。连续模糊集的例子，可以考虑以人均国民生产总值为指标的富裕国家集合。将该变量转换为模糊隶属分数既不是自动的，也不是机械的。一个严重的错误是：将最贫穷的国家赋值为 0，最富有的国家赋值为 1，其他所有国家的隶属分数则根据它们的人均国民生产总值的排序直接在 0 ～ 1 之间赋值。同样，将模糊隶属分数建立在人均国民生产总值的排位顺序上也是严重错误的。正确的做法是，先找出三个定性锚点，即在人均国民生产总值的分布上，完全隶属于富裕国家集合的点（即毫无争议的富裕国家），完全不隶属于富裕国家集合的点（即毫无争议的绝不富裕的国家），是否隶属于富裕国家集合的最大模糊点（隶属分数为 0.5，即交叉点）。在设置这三个锚点时，研究人员需要给出如此设置的明确理由。

定性锚点有助于区分相关和不相关的变异（variation）。例如，至少从模糊集的角度来看，非常富裕国家间的人均国民生产总值的差异与其在富裕国家集合中的隶属分数是无关的。当某一个国家非常富裕时，它的隶属分数就是 1。同样，在非常不富裕国家间人均国民生产总值的差异也与其在富裕国家集合中的隶属分数无关。因此，在使用模糊集进行研究时，仅仅开发量表测量案例之间的相对位置是不够的（例如，人均国民生产总值之类的国家财富常规指数），还需要使用实际知识和理论知识来建立连续变量（如财富指数）得分与特定模糊集合的隶属分数（例如，富裕国家集合中的完全隶属）之间的关系。因此，当研究人员重新概念化并重新标签化某个集合时（例如，将研究焦点从富裕国家集合转移到“中等收入国家”集合），模糊隶属分数会相应地发生变化，尽管潜在的指标变量（如人均国民生产总值）可能是相同的。

使用模糊集：基础

当使用模糊集来评估集合关系时，结果和前因条件都可以使用模糊隶属分数来表述。[⊖]例如，查看表 2-2 的第 2 列到第 6 列，其中呈现了一个包含模糊隶

⊖ 清晰集因果条件与模糊集因果条件可以一起被包括在模糊集分析中。

属分数的简单数据矩阵。这个数据集在下面的例子中被用来回答先进的工业民主国家的阶级投票（class voting）问题。在这个例子中，研究人员感兴趣的结果是，不同国家在弱阶级投票国家集合（W）中的隶属程度。这个模糊集是以 Paul Nieuwbeerta（1995）编撰的调查证据为基础构建的，它涵盖了第二次世界大战之后的时期。尽管发达工业国家的阶级投票水平普遍下降，但这些国家在阶级投票水平方面的排名顺序一直保持相对稳定。这个分析聚焦于与持续低水平阶级投票相联系的条件。这个例子中使用的前因条件是：①高度富裕国家集合（A）的隶属度；②收入不平等国家集合（I）的隶属度；③高制造业就业率的国家集合（M）的隶属度；④具有强大工会的国家集合（U）的隶属度。强大的工会和高制造业就业倾向于加强阶级投票，而高度富裕和收入不平等倾向于削弱阶级投票。本分析使用的所有模糊集都是六值模糊集，并且都基于这些国家在第二次世界大战之后时期的一般特征。尽管这些数据可能有更精细的等级（见表 2-1 的第 5 列），但这里的目的是用简单的数据集来演示模糊集的操作。[⊖]

表 2-2　先进工业国家中阶级投票的模糊集数据

国家	弱阶级投票（W）	高度富裕（A）	收入不平等（I）	高制造业就业率（M）	强大的工会（U）	～M	A·～M	A+～M
澳大利亚	0.6	0.8	0.6	0.4	0.6	0.6	0.6	0.8
比利时	0.6	0.6	0.2	0.2	0.8	0.8	0.6	0.8
丹麦	0.2	0.6	0.4	0.2	0.8	0.8	0.6	0.8
法国	0.8	0.6	0.8	0.2	0.2	0.8	0.6	0.8
德国	0.6	0.6	0.8	0.4	0.4	0.6	0.6	0.6
爱尔兰	0.8	0.2	0.6	0.8	0.8	0.2	0.2	0.2
意大利	0.6	0.4	0.8	0.2	0.6	0.8	0.4	0.8
荷兰	0.8	0.6	0.4	0.2	0.4	0.8	0.6	0.8
挪威	0.2	0.6	0.4	0.6	0.8	0.4	0.4	0.6
瑞典	0.0	0.8	0.4	0.8	1.0	0.2	0.2	0.8
英国	0.4	0.6	0.6	0.8	0.6	0.2	0.2	0.6
美国	1.0	1.0	0.8	0.4	0.2	0.6	0.6	1.0

⊖ 这里的主要目标是说明模糊集原理。因此，本书不重点关注这些模糊集是如何校准的，甚至不关注哪些因果条件可以提供与持续低水平的阶级投票相关的社会结构环境的最佳可能形式。相反，重点关注的是具体的操作程序。

模糊集有三种常见的运算，即非集、交集（逻辑与）以及并集（逻辑或）。这三种运算为理解模糊集如何工作提供了重要的背景知识。

非。同传统的清晰集一样，模糊集可以进行非运算。在清晰集中，非运算会将隶属分数从 1.0 转变为 0.0，从 0.0 转变为 1.0。例如，对民主国家清晰集进行非运算，就得出非民主国家清晰集。这种简单的数学原理同样适用于模糊集，但隶属分数不再局限于布尔代数值——0.0 和 1.0，而是扩展到 0.0 和 1.0 之间的任意值。要计算一个案例在模糊集 M 的非集中的隶属分数，只需用 1 减去该案例在集合 M 中的隶属分数即可，即案例在～M 集合中的隶属分数 = 1.0 – 案例在集合 M 中的隶属分数，或是，～M = 1.0 – M，其中，“～”表示非。

例如，美国在制造业就业率高的国家集合中的隶属分数为 0.4，因此在制造业就业率不高的国家集合中，它的隶属分数为 0.6。为进一步说明，请查看表 2-2 的第 7 列数据，其中显示了集合 M（高制造业就业率国家）中所有的 12 个国家的非集合隶属分数。非集合被标记为～ M，表示制造业就业率不高的国家集合。

逻辑与。当两个或两个以上的集合组合在一起时形成复合集，这一操作称为集合交集。一个研究者对相对荒凉的地方的阶级投票感兴趣，希望草拟一个将制造业就业率不高的国家（～M）与“高度富裕”国家（A）相结合的国家名单。传统的研究者将通过交叉制表二分化变量（非高制造业就业率 vs 高制造业就业率，高度富裕 vs 不高度富裕）来使用清晰集识别这类国家，并从这个 2 × 2 的表中查明哪些国家位于“制造业就业率不高且高度富裕的国家”单元格中。实际上，这个单元格就是存在于两个清晰集的交集中的案例。

在模糊集中，进行逻辑与运算需要计算案例在组合集合中的隶属分数，并由构成集合的隶属分数中的最小值决定。例如，如果一个国家在制造业就业率不高的国家集合中的隶属分数为 0.6，并且它在高度富裕国家集合中的隶属分数为 1.0，那么它在结合这两个特征的国家集合中的隶属分数就是其中较小的那一个，即 0.6。0.6 这个分数表示这种案例更偏隶属于该集合。为了进一步说明这个原理，请读者查看表 2-2 的第 8 个数据列，它演示了逻辑与的操作。这一列显示了～M 集合（非高制造业就业率国家）和 A 集合（高度富裕国家）的交集，产生了将这两个特征结合起来的国家集合的隶属分数。该交集运算的代数表达式为

A · ～ M，中间的点“ · ”用来表示集合交集。

逻辑或。两个或更多的集合也可以通过逻辑或结合起来成为并集。例如，研究人员可能会对那些非高制造业就业率的国家（～ M）或高度富裕的国家（A）感兴趣，这是基于这两个条件可能为某些结果（例如，弱阶级投票，W）提供等价的可替代基础的猜想。在使用模糊集时，逻辑或引导研究者关注构成集合的最大隶属分数。也就是说，在由两个或两个以上模糊集组成的集合中，案例的隶属分数是由其在构成这一并集的组成集合中最大的隶属分数决定的。因此，如果一个国家在富裕国家集合中的隶属分数为 0.2，而在非高制造业就业率的国家集合中的隶属分数为 0.8，则在具有这两种特征的国家集合中，其隶属分数为 0.8。为了说明逻辑或的使用，请读者查看表 2-2 的第 9 个数据列。本列显示的是那些非高制造业就业率的国家（～ M）或高度富裕的国家（A）；代数表达式是 A + ～ M，其中“+”用来表示逻辑或。

模糊集关系

第 1 章介绍了我对社会科学研究中的集合关系基本原理的说明。集合关系反映了显式关系，而显式关系是社会科学理论化的核心。本质上理论在很大程度上是与言语有关的，因此，集合关系是社会理论的核心，正如它们一般的语言表述一样。模糊集的一个重要优势是，它既保留精细的实证等级（empirical gradations），又可以进行集合理论的分析。简而言之，人们利用它可以确定一个集合是不是另一集合的子集（例如，发达国家是否构成了民主国家的一个子集），而不用回到名义尺度测量（即清晰集）上。

以清晰集来确定共享特定条件组合的案例是否具有相同的结果，从而构成具有特定结果案例的子集，这是一件简单的事情（回想一下，这是第 1 章描述的两种显式关系的重要类型之一）。研究者只要简单地检查共享相关条件组合的案例，并评估它们是否得出了相同的结果。这种评估可以被看成是评估结果存在 / 缺失相对于前因条件组合存在 / 缺失的交叉列表（见表 2-3 的第 2 行和第 3 行）。当对应于前因条件组合存在且结果缺失的单元格是空的，并且前因条件组合存在且结

果存在的单元格中被案例填充时，子集关系存在。[⊖]

表 2-3 对于前因条件组合和结果之间关系的清晰集评估（前因条件组合是结果的一个子集）

	前因条件组合缺失	前因条件组合存在
结果存在	单元格 1：与评估没有直接关系	单元格 2：这里的案例支持研究者关于这是一种关系的论点
结果缺失	单元格 3：与评估没有直接关系	单元格 4：应该或几乎是空的，这里的案例削弱了论点

显然，这些程序不能直接复制到模糊集中。在模糊集中没有简单的方法用来区隔出具有特定前因条件组合的案例，因为每个案例的隶属分数可能是独一无二的。案例在结果集合中也有不同的隶属分数，这使得对于案例是否一致地呈现出特定结果的评估更复杂了。虽然模糊集的这些性质使得研究人员难以直接照搬清晰集中确定子集关系的程序，但是他们可以使用模糊代数来评估模糊子集关系。在模糊集中，当案例在一个集合中（例如，在前因条件或前因条件组合中）的隶属分数始终小于或等于其在另一个集合（如结果）中的隶属分数时，子集关系就成立了。

为了说明模糊子集关系，请读者查看表 2-4 中列出的数据以及对应的图 2-1。表 2-4 使用了表 2-2 中的两个模糊集的隶属分数，即弱阶级投票的国家集合（W）和非强大工会的国家集合（～U）。注意观察，弱阶级投票国家集合的隶属分数一致地大于或等于非强大工会的国家集合的隶属分数。这种模式与模糊子集关系一致。如果在前因条件集合中的隶属分数高，那么在结果集合中的隶属分数也必须高。但请注意，相反的情况并不必然正确。也就是说，从集合论的观点来看，存在在前因条件集合中的隶属分数相对较低，但在结果集合中的隶属分数较高（如爱尔兰和比利时）的事实，这并不存在问题，因为可能有几种不同的方式导致其在结果集合中较高的隶属分数（即除了图示的方式之外，还存在导致弱阶级投票的其他前因条件）。在前因条件（或条件组合）集合中的隶属分数低，但在结果集合中的隶属分数高的案例表明，存在替代的前因条件或替代的前因条件组合。

⊖ 当然，单元格 4 可能不完全是空的。然而，在案例导向的研究中，研究人员应该能够解释可能归类到单元格 4 中的错误案例。

表 2-4　模糊子集关系示例（～U ≤ W）

国家	弱阶级投票（W）	非强大工会（～U）
澳大利亚	0.6	0.4
比利时	0.6	0.2
丹麦	0.2	0.2
法国	0.8	0.8
德国	0.6	0.6
爱尔兰	0.8	0.2
意大利	0.6	0.4
荷兰	0.8	0.6
挪威	0.2	0.2
瑞典	0.0	0.0
英国	0.4	0.4
美国	1.0	0.8

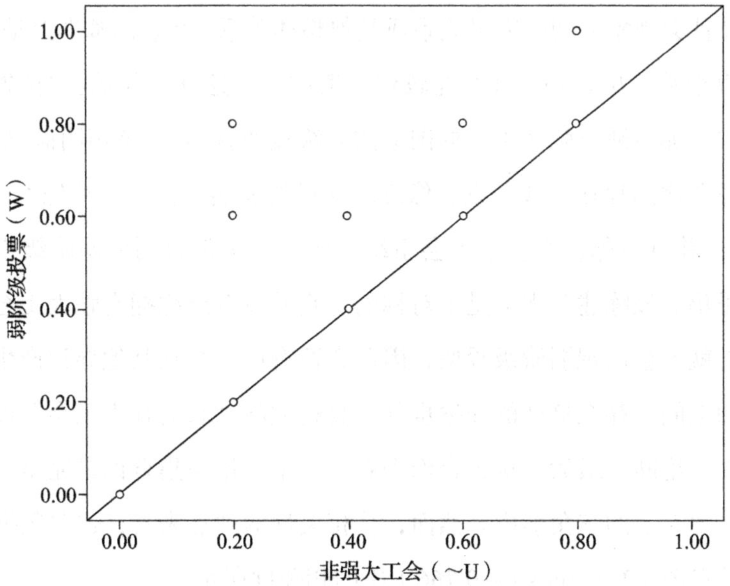

图 2-1　表示子集关系的模糊集散点图

图 2-1 使用表 2-4 中的隶属分数示例模糊子集关系。左上三角形很明显地指出，横轴上绘制的集合（非强大工会的国家集合，～U）是纵轴上集合（弱阶级投票的国家集合，W）的子集。在图左上角区域中的点并非如在线性回归分析时那样被认为是“错误”的。相反，由于其他前因条件或其他前因条件组合的影响作用，这些点在结果中具有强隶属度。在这个模糊集的图中空白的下三角对应于

使用清晰集的表 2-3 中的空单元格 4。正如表 2-3 的单元格 4 中的案例违反清晰子集关系，图 2-1 中右下三角形中的案例违反模糊子集关系。

表 2-4 和图 2-1 说明了使用单个前因条件的模糊子集关系。然而，请注意，这种评估同样可以适用于前因条件组合。如前所述，为了计算案例在条件组合中的隶属度，只需根据模糊代数的逻辑与操作原理，取前因条件隶属分数中的最低得分（最小值）即可。通过前因条件组合中（横轴上）的隶属度[㊀]与结果（纵轴上）的隶属度两者的比较，可以评估模糊子集关系。这项检验确定了前因条件组合中的隶属度是不是结果中隶属度的模糊子集，也即充分性检验（Ragin，2000）。左上角的三角形，包括水平轴上的前因条件组合的隶属度和垂直轴上的结果集合的隶属度，表示模糊子集关系（参见第 6 章对集合组态的隶属度的深入研究）。

回想一下第 1 章介绍的关于社会科学研究中集合关系的几个要点：①集合关系经常涉及社会现象之间的因果关系或其他整体关系；②它们基本上是不对称的；③它们可以很强，尽管相关性可能较弱。考虑一下这样一句话："在先进的民主工业国家中，那些缺乏强大工会的国家的阶级投票就弱。"该声明假设从弱工会[㊁]到弱阶级投票之间存在显式关系。像许多这样的表述一样，它首先列出子集（弱阶级投票），并且声称，实质上工会组织较弱的国家集合构成弱阶级投票国家集合的一个子集。该陈述基本上是不对称的。它并没有声称拥有强大工会的国家在某种程度上就不会出现弱阶级投票，因此它留有可能存在其他导致产生弱阶级投票的因素的空间。存在这样的证据也并不直接挑战"缺乏强大工会"而导致"弱阶级投票"的论断。最后，从集合论来看，图中数据与集合论是完全一致的：所有案例都在图左上的三角形中。然而，从相关性的观点来看，这些数据是不完美的，正如散点图（Pearson's r = 0.766）中的相关度所示。

展望

第 3 章将介绍两个简单的评估集合关系的描述性测量，如图 2-1 所示。具体

㊀ 隶属分数、隶属度、隶属得分表达同样的含义。——译者注

㊁ 原文是弱工会，但这里更准确的表述应该是非强大工会。——译者注

而言，第 3 章表明，可以评估实证论据与集合关系陈述的一致性程度，以及该关系的实证重要性或切题性。

实用附录：模糊集合关系

研究者使用模糊隶属分数的简单 *XY* 轴图很容易找出模糊集关系。一般来说，在三角形图表中，点一致地高于或一致地低于图的对角线，就表示存在某种模糊子集关系。模糊集定性比较分析（fsQCA）具有绘制模糊集关系的工具。

1. 用模糊隶属分数创建一个数据集，既可以赋值模糊隶属分数，也可以使用第 4 章和第 5 章中的详述程序来计算它们。数据可以直接输入 fsQCA 中，或从逗号分隔文件（如 Excel）、制表符分隔文件（如 SPSS）中导入。在数据集中的第一行应是简单的变量名（参见第 1 章的实用附录）。

2. 一旦数据集显示在 fsQCA 的数据电子表格窗口中，请单击图表（Graphs），单击模糊集[⊖]，然后单击 *XY* 轴图，单击相邻的向下箭头，然后单击相关的变量名称，指定要在 *X* 轴和 *Y* 轴上绘制的模糊集。在绘制它们之前也可以对模糊集进行非运算：单击变量名称旁边的“非”框，设定可选项“case Id”变量，以便可以轻松地识别图中特定点上的案例。

3. 点击“绘图”(Plot)，检查图案的模式。点击图中的任意一点，其信息将显示在图的底部。

4. 图的左上角和右下角的方框中显示的数字是一致性和覆盖度，第 3 章将对此进行解释。

⊖ 这一步在新的 fsQCA 软件中已省略。——译者注

第3章 评估集合关系：一致性与覆盖度

CHAPTER3

本章提出了简洁的描述性测量，用于评估集合关系论断被实证支持的强度。为使本章的内容更加结构化，我主要集中讨论某一特定的前因条件或前因条件组合构成了导致结果的若干可能途径之一这类集合论断（参见第1章讨论的显式关系）。当这一论断是正确的时，如第2章所说，特定前因条件组合的案例应构成结果案例的一个子集。我在本章中提出了评估集合关系的两个不同方面的测量。集合论的一致性测量了共享给定前因条件组合（如民主党）的案例在展示特定结果（如和平共处）方面的一致程度。也就是说，一致性表示与完全的子集关系有多么近似。相比之下，集合论的覆盖度评估了前因条件或前因条件组合对结果集合实例的“解释”程度。当有多条路径可以导致相同的结果时，给定因果组合的覆盖度可能很小。因此，覆盖度测量经验相关性或重要性。

这些测量同样可以用来评估研究人员认为对结果来说前因条件必要（但不充分）的情况，也就是说，结果的实例构成前因条件实例的子集（这一集合关系是第1章讨论的另一种显式关系）。在这种情况下，一致性评估结果实例在展示被认为是必要的前因条件时达成一致的程度，而覆盖度评估必要前因条件的切题性，即前因条件实例与结果实例配对的程度。本章关于必要条件的讨论建立在 Goertz（2002，2003）、Goertz 和 Starr（2002）以及 Braumoeller 和 Goertz（2000）研究工作的基础之上。

这些关于集合关系的评估在显式关系的分析中非常重要，其重要性与评估相关关系中显著性和强度的重要性相当。一致性与显著性类似，其内涵即指实证关系是否值得研究者密切关注。如果假设的子集关系不一致，则研究者的理论或猜想不被支持。覆盖度与强度类似，表明了集合关系中的实证切题性或重要性。正如本章所陈述的，在集合论分析中有可能出现具有高度一致性但覆盖度较低的集合关系，就如同在相关分析中可能存在显著性强但相关性弱的情况。我在本章以及随后的章节中将提出这些集合论的测量，为改进社会科学研究中的清晰集和模糊集分析提供重要工具。

集合论的一致性

在社会科学研究中，完全一致性的集合关系相对稀少，它们通常出现在较小的样本 *N*、宏观数据或两者兼有的情况中。一般来说，社会学家只能确定近似的子集关系，因为例外几乎总是存在的（例如，两个民主国家之间的战争）。因此重要的是，要制定一套有用的描述性度量方法，以说明集合关系被接近的程度，即论据与“集合关系存在”这一论点的一致程度。首先，本章讨论对清晰集一致性的评估，这仅需要一个非常简单的测量，然后我们将讨论模糊集。

在进行一致性评估时，研究人员应谨慎考虑**案例的数量**。完全的一致性并不能保证存在有意义的集合关系。例如，假设在第三波民主化浪潮中，采用议会制政府的国家民主化相继都失败了。谨慎的结论是，这种关系虽然从集合论的观点来看是有趣并且完全一致的，但它也可能是偶然的（参见 Dion，1998；Ragin，2000）。如果统计数据是，在 20 个采用议会制政府的国家中有 17 个民主化失败了，而不是在 3 个国家中有 3 个民主化失败了，那么大多数社会学家会更确信议会制政府与民主化失败之间存在显式关系。这个例子也强调了社会科学中“接近有价值”（close count）的事实。虽然不是 100%，但是 20 个中的 17 个（85%）这种比例对一位社会学家来说，至少表明某种形式的整体关系值得进一步调查。

这个例子提出了一个使用清晰集的集合关系一致性的度量，即具有特定前因或前因组合且显示出相同结果的案例比例。在 3 个案例中有 3 个一致，比例为 1.0；在 20 个案例中有 17 个一致，比例为 0.85。正如《模糊集社会科学》(Ragin，2000）中所解释的那样，研究者可以通过使用阈值和精确的概率测试来考虑有 N 个案例的情况。例如，对于只有 3 个案例的样本，使用显著性水平（α）0.05，一致性比例 1.0 不会显著大于一致性比例 0.65。然而，当案例数 N 为 20 时，一致性比例 0.85 通过了显著差异测试（即显著大于一致性比例 0.65）。一般来说，一致性评分应尽可能地接近 1.0（完全一致性)。当观察到的一致性分数低于 0.75 时，支持集合关系存在的实际基础变得更加困难（Ragin，2004a)。

模糊集合关系的一致性评估比清晰集的评估更有趣，也更具挑战。《模糊集社会科学》介绍了模糊集在社会科学研究中的应用概况（Ragin，2000；同时参见 Smithsonand Verkuilen，2006 以及本书第 2 章)。对于模糊集合，案例可以具有不同的集合隶属度，从 0.0 到 1.0 不等。例如，一个国家可能只是部分隶属于民主国家。在模糊集合中隶属度的校准涉及定量和定性的评估，必须以理论和实际知识为基础（Ragin,2000；Smithson and Verkuilen,2006；另见本书第 4 章和第 5 章)。

如第 2 章所述，当案例在一个集合中的隶属度一直小于或等于其在另一个集合中的隶属度时，就存在模糊子集关系。例如，如果案例在采用“议会制政府”的国家集合中的隶属度一直小于或等于在第三波民主化浪潮中“民主化失败”的国家集合中相应的隶属度，那么前者是后者的一个子集。回想一下，在清晰集中存在“没有采用议会制政府”但“民主化失败”的例子并不重要，因为（假设）有很多导致“民主化失败”的途径（见表 1-2)。在模糊集中，类似情况发生在案例显示出在结果集合中的隶属度大大超过其在前因条件集合中的隶属度时。例如，一个案例在“民主化失败”中的隶属度可能是 0.90，但在“议会制政府”中的隶属度只有 0.20。正如在清晰集中的分析，这种情况并非不符合集合论的论点，因为可能存在几种导致“民主化失败”的途径，包括在“议会制政府”的国家集合中隶属度不高的国家，其民主化进程也是失败的。相比之下，若一个国家在“议会制政府”集合中的隶属度为 0.80，但在“民主化失败”集合中的隶属度仅为 0.30，这明显与集合论的主张相抵触。

如图 3-1 所示，当绘制成图表时，模糊子集关系是三角形的。在这个图中，前因条件（X）是结果（Y）的一个子集，因此，所有的 X_i 值都小于或等于它们对应的 Y_i 值，其中 i 表示相关的单个 X 值或 Y 值，或是具体的 X 或 Y 的观察值。注意，图的左上三角中的案例并不与“这个原因对结果来说可能是充分但不必要的”这一观点相矛盾，因为存在除 X 以外的前因条件（充分不必要论证允许存在多重路径），使得这些案例在结果集合中具有高隶属度。因此，当 X 的隶属度较低时，宽取值范围的 Y_i 值是允许的。然而，当 X 的隶属度较高时，Y_i 值的取值范围变窄，可能存在更多违反子集关系的情况。然而，在传统的相关分析中，左上三角中的点将被视为异常点，因为这会反过来破坏 X 和 Y 之间的相关性。

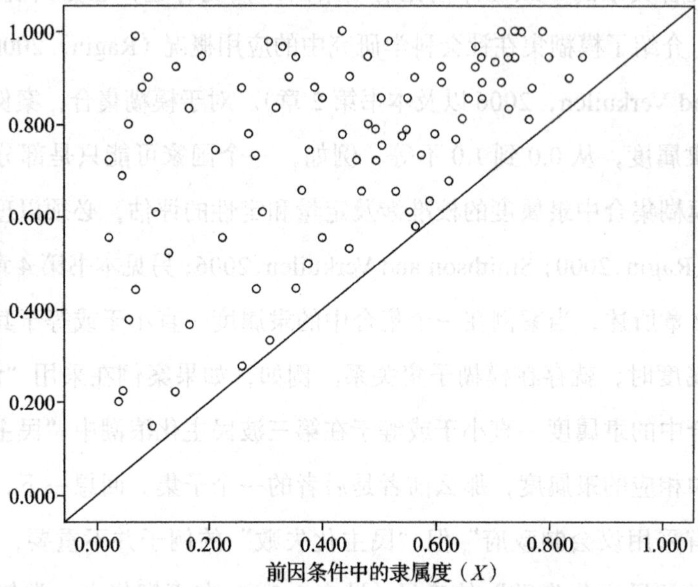

图 3-1　模糊子集关系的充分性与一致性

在《模糊集社会科学》（Ragin，2000）中，对模糊集关系中一致性的定义是直接的，但是过于简单。其中，在结果集（Y）中的隶属度与前因条件或前因条件组合（X）中的隶属度关系图中，一致性被定义为图表中处于主对角线或其上方的案例比例。如果在 X 中的隶属度一直小于或等于在 Y 中的隶属度，那么所有的案例都会被绘制在主对角线或其上方，从而得出 1.0（或 100% 一致）的一致性分数。我所描述的“模糊包含”算法为前因条件的不同组合计算一致性分数，这些得分为评估充分性奠定了基础（Ragin，Drass and Davey，2007；Ragin，2007）。例如，如果有明显多于 80% 的案例被绘制在刚才描述的图的主对角线上，那么研究者可能会声称前因条件或前因条件组合（X）对于结果（Y）“几乎总是”充分的。

《模糊集社会科学》评估前因条件组合的充分性程序是基于案例的简单分类（一致或者不一致）以及对一致案例简单比例的计算。简而言之，这些程序严格地遵循清晰集的模板。使用这一程序的问题是案例在前因条件或前因条件组合（X）中的隶属度之间的强弱对比被忽略了。具体来说，在前因条件组合中隶属度强或弱的案例在计算中的权重是相同的，但是隶属度的强弱差异对集合论陈述中的相关性有很大影响，因此在 X 对 Y 总是充分的这一论断上也有很大差异。例如，按照这种算法，在前因条件组合（X）中隶属度仅为 0.25，而在结果集（Y）中隶属度为 0 的案例，就和在前因条件组合（X）中隶属度为 1.0，而在结果集（Y）中隶属度为 0.75 的案例（隶属度为 0.25 表示一个案例偏不隶属于该集合；0.5 是交叉点）一样，将得出相同的不一致程度。然而，在第二种不一致的情况中，案例在 X 中具有完全隶属关系，显然与集合论的论点关联更密切，因为它是一个更好的前因条件组合的例子。因此，它构成了比第一种情况更明显的不一致性，尽管差距值相等——X_i 值超过 Y_i 值的差值是相等的。

同样的道理适用于一致的案例。与具有两个较低隶属度的案例（例如，在前因条件组合中的隶属度为 0.1，而在结果集中的隶属度为 0.2）相比，或者与在前因条件组合中的隶属度低（如 0.15），而在结果集中的隶属度高（如 0.8）的一致案例相比，具有两个较高隶属度（例如，在前因条件组合中的隶属度为 0.9，在结果集中的隶属度为 1.0）的一致案例，显然与集合论的论点更为相关。然而，在我（2000）所使用的一致性公式（模糊集图像中主对角线上方的案例比例）中，所有这些情形中案例的权重都是等同的。想象一下，你试图使用相关集合中隶属度较低的案例的深度证据，通过口头陈述向同事表达一个论点，而这种表达将是对时间的浪费。在前因条件中具有强隶属度的案例提供了最具相关性的一致案例和最具相关性的不一致案例。

下面对模糊集数据一致性的测度使用了本章中推荐的集合论论点。与我

（2000）的文章中所提出的方法一样，这种替代程序使用图的对角线来区分一致和不一致的案例。主对角线及其上方的案例是一致的，因为它在前因条件中的隶属度小于或等于其在结果中的隶属度。主对角线下方的案例是不一致的，因为它在前因条件中的隶属度大于其在结果中的隶属度。但是，替代程序不是简单地计算一致案例的原始比例，它使用了模糊隶属分数。

例如，考虑表3-1中假设的12个发达工业国家的模糊集数据，在“强势左翼”集合和“高福利国家”集合中的隶属度。注意，这个表中的数据从集合论的观点来看是完全一致的；也就是说，所有前因条件中的隶属度都小于或等于结果中相应的隶属度（见第2章）。基于这些论据，研究人员可以声称，这种前因条件（强势左翼）是结果（高福利国家）的一个子集。因此，“强势左翼”（根据这些数据假设）可以被解释为“高福利国家”的充分条件。然而，如前所述，社会科学研究中的数据很少这么统一。当案例与子集关系不一致时，研究者必须评估实证证据与所讨论的集合关系的一致程度。例如，假设在表3-1中，第2行“强势左翼”的隶属度是1.0而不是0.7，这将与集合关系不一致，因为该值超过结果集中相应的隶属度0.9。虽然在表3-1所列出的案例中，集合关系不再保持一致，但它仍然与完全一致非常接近，12个案例中有11个案例保持一致，只有一个案例接近一致。

表3-1　一个简单模糊子集关系的示例（基于12个国家的假设数据）

强势左翼	高福利国家
0.7	0.9
0.1	0.9
0.1	0.1
0.3	0.3
0.9	0.9
0.7	0.7
0.3	0.9
0.3	0.7
0.3	0.7
0.1	0.1
0.0	0.0
0.9	1.0

一种使用模糊隶属度直接测量集合论一致性的方式是用前因条件或前因条件组合中**达到一致性**的隶属度总和除以**所有**前因条件或前因条件组合中的隶属度总和（Ragin，2003b）。在表 3-1 中，由这个测量方法得出的值是 1.0（4.7/4.7），因为第 1 列中的所有隶属度都是一致的。但是，如果在表 3-1 中第 2 行“强势左翼”的隶属度被改为 1.0，则一致性下降到 0.8（4/5）。由于有一个不一致的分数 1.0，所以分子比分母低 1.0 个模糊单位。一致性（从完全一致性 1.0）降低到 0.8 的波动是相当大的，因为 1.0（代替了原来的 0.7）是一个很大的隶属度。

这个一致性测量可以进一步细化，奖励只有稍微地偏离一致，惩罚大幅度超出相应的结果集隶属度的前因条件的隶属。[⊖]这种调整可以通过在刚刚描述的公式（一致的隶属分数的总和除以前因条件或前因条件组合中的所有隶属分数的总和）的分子中，**添加不一致的前因条件隶属度中与结果一致的部分**来实现。例如，如果在表 3-1 中，第 2 行“强势左翼”的隶属度被改为 1.0，那么其直至结果隶属度 0.9 的大部分隶属分数是一致的，0.9 这部分被添加到一致性测量的分子中。使用这种更精确的一致性测量可得到 0.98（4.9/5）的总体一致性分数。这一调整后的一致性分数与论据更加一致。毕竟，只有一个分数不一致并且它已经非常接近一致了。因此，预计一致性分数应接近 1.0。

请注意，修订后的一致性度量标准对大的不一致性给予更大的惩罚。假设在表 3-1 中，第 2 行“强势左翼”的隶属度被改为 1.0，但这次假设结果“高福利国家”的相应隶属度仅为 0.3。与 1.0 隶属度的一致部分为 0.3，分子总体上只增加了 0.3。在这种情况下得到的一致性分数将是 0.86（4.3/5）。这个较低的分数反映了一个事实，即一个不一致的分数会大幅度地超过它的目标值。

可以将模糊集合论的一致性计算表示为如下的形式：

$$\text{一致性}\ (X_i \leqslant Y_i) = \sum[\ \min\ (X_i, Y_i)]\ /\ \sum(X_i)$$

其中“min”表示两者中的最小值（另见 Kosko, 1993; Smithson, and Verkuilen, 2006）。当 X_i 值全部小于或等于其对应的 Y_i 值时，一致性分数为 1.0；当只有少数 X_i 略微超过 Y_i 时，一致性接近 1.0；当存在较多不一致的分数，且一些 X_i 值显著超过其相应的 Y_i 值时，一致性可能会降至 0.5 以下。请注意，我在上面提到且

⊖ 这里描述的公式在 fsQCA 的模糊真值表算法中实现了应用（Ragin, Drass and Davey，2007）。

在文章中详细讨论过的引入概率计算的相同程序也可以应用在这里。这些概率测试需要基准值（如 0.75 的一致性）和 α 水平（如 0.05 的显著性）。最后，当模糊集理论上的一致性计算公式被应用于清晰集数据时，它将返回一致案例的简单比例。因此，该公式可以类同地应用于清晰集和模糊集的隶属分数。

这种通用的公式也可以用于评估前因条件是结果的必要条件的集合关系的一致性。当可以证明结果的实例构成前因条件实例的一个子集时，因果必然性得到支持。在模糊集合中，必要条件关系的一致性取决于可以表明结果集中的隶属度一致地小于或等于前因条件中的隶属度，即 $Y_i \leq X_i$ 的程度。图 3-2 说明了这种模糊集合关系。在该图中，结果（Y）是前因条件（X）的子集，因此所有的 Y_i 值都小于或等于它们对应的 X_i 值。请注意，图表右下角中的案例与必要性并不矛盾，因为这些案例在结果集中的隶属度较低，这是由于它们缺少一些其他不明确的前因条件。毕竟，这个例子中的前因条件只是必要而不充分的。当然，在传统的相关分析中，右下角的案例将被视为异常点，因为它们会反过来破坏 X 和 Y 之间的相关性。但是请注意，当 X 中的隶属度较低时，Y 中的隶属度也应该是较低的。因此，在 X 较低的范围内，Y 值的允许取值范围很小，存在许多违反子集关系的情况。

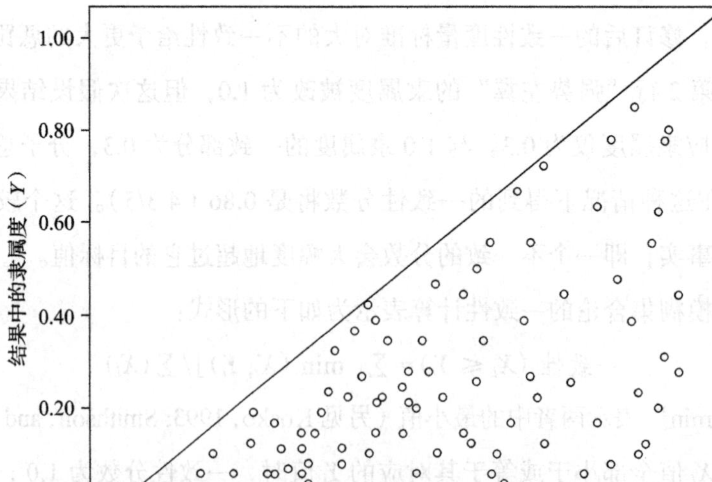

图 3-2 模糊子集关系的必要性与一致性

因为不等式（$Y_i \leqslant X_i$）表示必要性，与定义充分性的不等式（$X_i \leqslant Y_i$）相反，所以必要条件子集关系一致性的简单度量公式是：

$$一致性\ (Y_i \leqslant X_i) = \sum[\min(X_i, Y_i)] / \sum(Y_i)$$

当所有 Y_i 值小于或等于其对应的 X_i 值时，此公式得出值为 1.0。当较多的 Y_i 值大幅度地超过其对应的 X_i 值时，此公式得出值将小于 0.5。

当然，重要的是要记住在解释任何集合关系包括必要性或充分性时，必须建立在理论和实际知识的坚实基础之上。**因果关系不是数据中固有的**。集合论的一致性只是研究者在强调充分性、必然性或任何其他的因果关系、构成关系时，所提供的一条支持证据。

集合关系的覆盖度

当研究人员考虑到等效性（Mackie，1965；George，1979；George and Bennett，2005）和因果复杂性（Ragin，1987）时，一个常见的发现是，给定的结果可以由几种不同的前因条件组合产生。我们通常将这些前因条件组合理解为结果的替代因果路径或"配方"。通常，这些替代路径被视为是逻辑等效的（即可替代的）。然而，在清晰集分析中，通常会评估通过每条路径得出结果的案例比例，即通过特定路径得出结果的案例数量除以结果实例总数。这个简单的比例是集合覆盖度的直接测度，是衡量某一前因条件组合的实证重要性的直接指标。显然，仅覆盖结果实例一小部分的前因条件组合的实证重要性不如覆盖了大部分比例结果实例的前因条件组合那么高。[⊖]

覆盖度与一致性不同，两者有时互相矛盾，因为高一致性可能会产生较低的覆盖度。复杂的集合论断涉及多个集合的交集，它通常可以达到显著的一致性但覆盖度低。例如，考虑结合了优秀的学校记录、高考试成绩、受过大学教育的父母、父母收入高、毕业于常青藤大学等特征的美国成年人，这些人百分之百能够避免贫困并不令人惊讶。从个人层面的数据来说，完全的集合一致性是不寻常

⊖ 请注意，覆盖度仅衡量实证重要性，而非理论重要性。从实证角度来看，充分性关系可能相当"罕见"（因此表现出较低的覆盖度），但它仍然可能与理论具有中心相关性。例如，充分性关系可能证明，至少从理论的角度来看，在实证上被认为不可能的路径实际上是可能的。

的，但这绝非不可能。然而，在许多成功避免贫困的人中，这种具有高度有利条件的特殊组合相对较少。因此，从实际的角度来看，这种高度的集合一致性并不令人信服，因为这个前因条件组合是如此狭小，以至于其覆盖度微不足道。

虽然经常需要在一致性和覆盖度之间进行权衡，但只有在确定集合关系一致后才能计算覆盖度。计算不是结果一致子集的前因条件或前因条件组合的覆盖度是毫无意义的。另外，正如在下面的讨论中将会阐明的那样，根据覆盖度计算的情境，相同集合论的计算具有不同的含义。因此，坚持这里所描述的原则是重要的：在评估覆盖度之前必须先确定集合论的一致性，这样才能使得一致性和覆盖度的评估结果有意义。

为了说明覆盖度的总体思路，请参考表 3-2，其中显示了一个假设性的交叉列表，关于贫困状况（贫困与不贫困）与受教育程度（高与不高），它使用了清晰集和个人层面的数据。这种使用二进制数据的粗略分析支持这样的观点：受教育程度高的个人能够避免贫困。第 3 列中的大部分案例不处于贫困状态（单元格 b 中的案例数除以单元格 b 和单元格 d 中的案例数总和，得到 0.964 的一致性评分），这支持了此种集合论的论点。但是，在避免贫困方面，这条路径有多重要呢？回答这个问题最简单的方法是，计算那些受教育程度高的非贫困个体的比例，即单元格 b 中的案例数除以单元格 a 和单元格 b 中的案例数总和，即 0.326。这一计算表明，所讨论的避免贫困的路径，几乎涵盖了三分之一未处于贫困状态的案例，这是很实质的比例数了。

表 3-2　贫困状况与受教育程度的交叉表：初始频数

	低 / 平均的受教育程度	高受教育程度
不处于贫困状态	a. 3 046	b. 1 474
处于贫困状态	c. 625	d. 55

为了比较，考虑表 3-3，它具有与表 3-2 相同的总案例数，但是一些案例已经从单元格 b 移至单元格 a，从单元格 d 移至单元格 c。在表 3-3 中，与集合论论点一致的案例比例为 0.967，与表 3-2 的一致比例（0.964）大致相同。因此，从集合论的观点来看，论据又是高度一致的。但是，使用表 3-3 中的假设频数，这条路径有多重要呢？其重要性可以通过计算集合论论点所涵盖的避免贫困案例

的比例来确定，该比例仅为 0.032 5（147/4 520）。因此，在表 3-3 中，集合论模式是高度一致的但覆盖度非常低，表明（所假设的）受教育程度高并不是得出结果（避免贫困）的重要途径。

表 3-3　贫困状况与受教育程度的交叉表：修改后的频数

	低 / 平均的受教育程度	高受教育程度
不处于贫困状态	a. 4 373	b. 147
处于贫困状态	c. 675	d. 5

使用模糊集合计算集合覆盖度的程序，与上面提出的清晰集的计算类似。使用传统清晰集计算覆盖度（单元格 b 中的案例数除以单元格 a 和单元格 b 中的案例数总和）的另一种方法是，将表 3-2 转化为表示子集关系的维恩图，如图 3-3 所示。覆盖度计算背后的基本思想是评估子集（本例中是受教育程度高的案例集合）在物理上覆盖目标集合（避免贫困的案例集合）的程度。因此，覆盖度是衡量实证权重或重要性的标准，可以看成两个集合重叠部分相对于较大集合（代表结果）的比例。两个模糊集重叠部分大小的计算由它们的交集给出：

$$Overlap = \sum[\min(X_i, Y_i)]$$

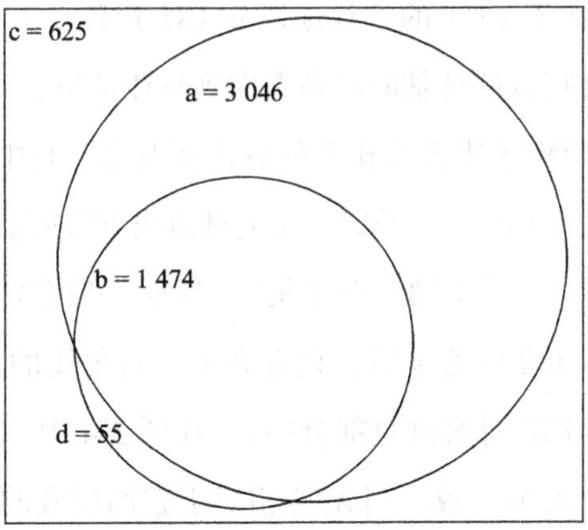

区域a = 拥有低/平均的受教育程度且不处于贫困状态的案例
区域b = 拥有高的受教育程度且不处于贫困状态的案例
区域c = 拥有低/平均的受教育程度且处于贫困状态的案例
区域d = 拥有高的受教育程度且处于贫困状态的案例

图 3-3　使用表 3-2 中的假设数据以维恩图的形式来解释覆盖度的概念

这与先前描述的模糊集合一致性计算中的分子相同。在模糊集合中，较大集合（相关的分母）的大小直接由该集合中的隶属度总和得出，即结果中隶属分数的总和$\sum(Y_i)$。这个计算与使用清晰集中案例数量的简单计数（例如，不处于贫困状态的案例数量）相似。因此，模糊集覆盖度度量的是重叠度占结果中隶属分数总和的比例：

$$覆盖度\ (X_i \leqslant Y_i) = \sum[\min(X_i, Y_i)] / \sum(Y_i)$$

简而言之，X对Y覆盖度的公式，用$\sum(Y_i)$代替一致性公式分母中的$\sum(X_i)$。

注意，这个公式与Y作为X子集（即$Y_i \leqslant X_i$）的一致性公式相同，在前述关于必要条件关系一致性评估的讨论中给出过。但是，回顾一下，在目前的情境中（充分性评估），**只有在确定X是Y的一致子集之后，才能计算X对Y的覆盖度。**因此，在充分性评估的情境下，计算的目的是评估X相对于Y的大小，给定大部分（如果并非所有）X_i值小于或等于它们对应的Y_i值。相比之下，在必要条件的情境下，计算的目的是评估Y作为X一个子集的一致性。因此，在必要条件情境下，我们期望的是，大部分（如果并非所有）Y_i值将小于或等于它们对应的X_i值——这表示必要条件关系。事实上，如果情况并非如此，则计算结果将是远低于完全一致性（即远低于1.0）的一致性评分（对于$Y_i \leqslant X_i$），表明Y不是X的一致子集。[⊖]总之，在进行这些评估时必须考虑到具体情境。

图3-4描述了与模糊子集关系相关的覆盖度概念，其中$X_i \leqslant Y_i$。如图3-1所示，前因条件X是结果Y的一个子集。在主对角线下方的点构成了对一致性的违反，从而破坏了论点"X是Y的一个子集"。然而，只有两个这样的点，子集关系是基本一致的。在计算覆盖度时，只有高于主对角线的部分X_i分数计算为一致（因此包括在X和Y之间的重叠部分中）。在图3-4中，大部分的点位于主对角线上方，因此与$X_i \leqslant Y_i$一致。当X_i值相对于它们相应的Y_i值较小时，它们更

⊖ 因此，只有当X_i的值大致等于它们相应的Y_i值时，才有可能找到接近于$\sum(Y_i)$的$\sum[\min(X_i, Y_i)]$，从而产生非常高的覆盖度分数。这种情况对应于两个集合的重合部分。集合重合与相关不一样，它是相关性的特例。在两个模糊集合构成的图中，除垂直和水平直线外的任何直线都代表完全相关。然而，只有当所有情况都精确地绘制在模糊集合图象的主对角线上时，才会出现完美的集合重合。两个集合隶属分数相一致的程度的一个简单衡量是，$\sum[\min(X_i, Y_i)] / \sum[\max(X_i, Y_i)]$，其中max表示取两个分数中较大的一个。另见Smithson和Verkuilen（2006），他们比较了共病（comorbidity）、共变和共现。

接近于 Y 轴而不是主对角线。尽管这些点与子集关系 $X_i \leqslant Y_i$ 一致，但它们对覆盖度的贡献相对较小，特别是当 Y_i 值大于 0.5 时。图中水平的虚线表示被计数为一致的那部分 X_i 值；这些值将被添加到覆盖度公式的分子中，分母是 Y_i 值的总和。从一致的 X_i 值到主对角线之间的间隙，表示集合 Y 未被集合 X 覆盖的部分。

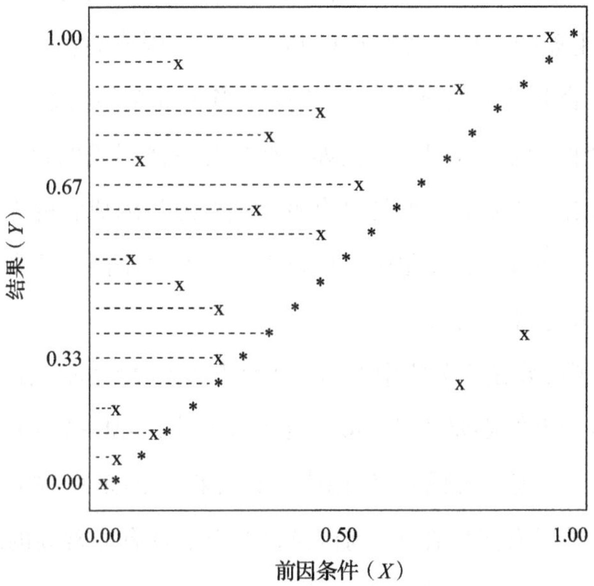

图 3-4　图释覆盖度的概念

覆盖度的计算可以应用于必要条件的评估，即结果是前因条件的一个子集。Goertz（2003，2006）在 Braumoeller 和 Goertz（2000）的基础上，提出了一种必要条件评估方法，以解决本章讨论的一些相关问题。他的工作重点是区分**重要的和微不足道的**必要条件。一个微不足道的必要条件是在大多数案例中强烈存在的条件，无论这些案例是否显示出特定结果。例如，“不满”可能是组织和激活社会运动的必要条件，但是“不满”几乎总是存在的，缺乏“不满”的情况很少有机会对社会运动的组织产生制约。因此，“不满”的存在可以被看成是一个实证上无足轻重的必要条件。相比之下，公开和宽容的政治环境（即没有政府压制）可以被视为一种重要的必要条件，因为社会运动经常遭遇政府压制。尽管本章推荐的评估必要条件相关性的具体计算公式与 Goertz（2003, 2006）提出的在细节上有所不同，但两者的基本目标是相似的。

X作为Y的必要条件的重要性或切题性的简单度量由Y对X的覆盖度给出：

$$覆盖度\ (Y_i \leqslant X_i) = \sum[\min(X_i, Y_i)] / \sum(X_i)$$

当Y对X的覆盖度较小时，X对Y的约束效应可以忽略不计。从概念上来说，非常低的覆盖度对应于实证无关甚至无意义的必要条件。例如，美国几乎所有的海洛因成瘾者以前都是喝牛奶的人，但很难将喝牛奶描述为海洛因成瘾的相关必要条件（即作为上瘾的一种重要物质），因为“海洛因成瘾者”集合与“以前喝牛奶的人”这一集合相比显得非常小。相反，当Y对X的覆盖度很大时，则X作为必要条件的约束效应可能很大。例如，如果与海洛因成瘾者相关联的相当一部分人后来成为海洛因成瘾者，而且只有极少数对海洛因成瘾的人先前没有与海洛因成瘾者相关联，那么覆盖度很高，可以考虑“与海洛因成瘾者相关联”是成为海洛因成瘾者的切题性必要条件。

图 3-5 描述了必要条件分析中的高相关性与低相关性的对比。图 3-5a 描述了对结果施加一定约束的必要条件（覆盖度很高），图 3-5b 描绘了一个实证上不相关的必要条件（覆盖度非常低）。使用模糊集合将图 3-5b 中描述的情况用图像表示出来，其中几乎所有案例在X（前因条件）中都具有非常高的隶属度，因此将被绘制在最右边（Goertz，2003，2006）。

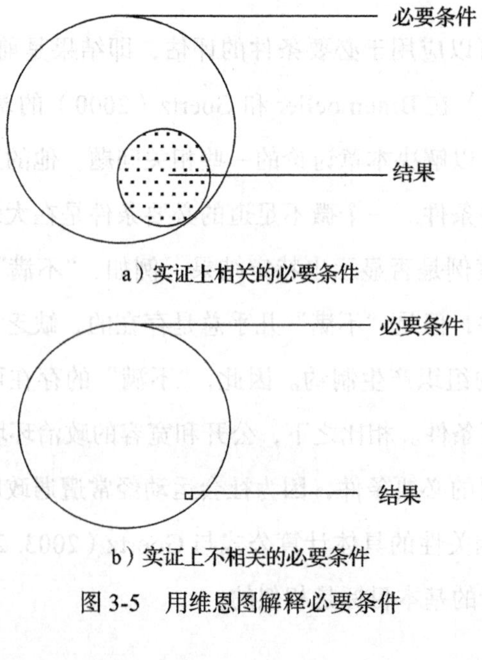

图 3-5　用维恩图解释必要条件

与评估充分条件的覆盖度一样，只有在确定子集关系是一致的以后，才能评估必要条件的相关性 / 切题性（即其约束影响）。也就是说，在评估 Y 相对于 X 的大小之前，必须首先确定 Y 是 X 的一个一致的子集。遵守这一准则可以防止对如下基本相同的计算的解释产生混淆：充分性关系一致性的计算与必要性关系覆盖度（相关性）的计算是相同的，而充分性关系覆盖度的计算与必要性关系一致性的计算是相同的。表 3-4 总结了这两种集合关系的一致性和覆盖度的评估准则。

表 3-4 一致性与覆盖度的评估准则

	集合关系的类型	
程序	前因条件（X）是结果（Y）的一个子集（充分性）	结果（Y）是前因条件（X）的一个子集（必要性）
步骤 1	使用 $\sum[\min(X_i, Y_i)] / \sum(X_i)$ 评估一致性	使用 $\sum[\min(X_i, Y_i)] / \sum(Y_i)$ 评估一致性
步骤 2	若一致，使用 $\sum[\min(X_i, Y_i)] / \sum(Y_i)$ 评估覆盖度	若一致，使用 $\sum[\min(X_i, Y_i)] / \sum(X_i)$ 评估覆盖度

分隔覆盖度

当一个以上的前因条件或前因条件组合对于结果是充分的时（即当存在等效性时），对其他前因条件组合的覆盖度测量提供了它们相对的实证重要性的直接证据。此外，对“原始”覆盖度的测量可以通过对每个组合的“唯一”覆盖度的测量来补充，因为可以与多元回归中分割解释方差的方式类似，实现对集合论分析中的覆盖度的分割。这里介绍分割覆盖度的讨论假定研究者已经证明相关前因条件或前因条件组合是结果的一致子集。

作为示例，考虑来自个人层面模糊集分析的论据。数据集来自全国青年纵向调查（更多地被称为贝尔曲线数据，参见 Herrnstein and Murray，1994）。样本是白人男性，访谈对象是年轻人。结果是不处于贫困状态的模糊集案例（～P，其中 P 表示处于贫困状态案例集合中的隶属度，～表示非集）。三个前因条件是，拥有高测试分数（T）的模糊集案例，拥有高收入父母（I）的模糊集案例，以及接受大学教育（C）的模糊集案例（这些模糊集的校准在第 11 章中阐述）。对这些数据应用模糊集定性比较分析，得出了两个避免贫困的方法：①“高测试分数”与“高收入父母”（T · I）；②“接受大学教育”（C）。

表 3-5 列出了对于结果“避免贫困”（～P），这两种途径的原始覆盖度计算。第 2 行报告了“高测试分数”与“高收入父母”(T·I) 组合的覆盖度计算。T·I 与结果之间的重叠部分之和为 307.387，结果集中的隶属度总和为 1 385.25。因此，这一组合的隶属分数之和约占结果集隶属分数总和的 22.19%（307.387/1 385.25 = 0.221 9）。使用相同的程序计算可得，条件 C 涵盖了结果集隶属度总和的约 39.6%（见表 3-5 的第 3 行）。因此，两种路径都涵盖了大部分显示结果的案例。但是，条件 C（接受大学教育）的原始覆盖度要大得多。

表 3-5　覆盖度的计算

前因条件	一致的得分之和	结果集得分总和	覆盖度
T·I	307.387	1 385.25	0.221 9
C	548.559	1 385.25	0.396 0
T·I+C	609.709	1 385.25	0.438 7

为了进行比较，表 3-5 还显示了两种路径（“T·I” 和 “C”）的覆盖度，使用逻辑或，这两种路径被设想为对相同结果的替代路径。当逻辑或联合了前因条件组合时，每个案例在并集中的隶属度是其在两条路径中的隶属度的最大值（即在 T·I 的隶属度与 C 的隶属度中较大的一个）。换句话说，当有多条路径可以得出结果时，可以通过在可能的路径中找到最高的隶属度来计算案例与结果的接近程度。接下来，这个最大分数的结果覆盖度可以使用两个构成路径的覆盖度计算的相同程序来计算得出。该计算结果显示在表 3-5 的第 4 行中，其覆盖度为 43.87%，大于两个路径中的任何一个的覆盖度（比较表 3-5 的第 4 行和第 2 ～ 3 行）。然而，双路径模型的覆盖度（43.87%）仅略高于最佳单路径的原始覆盖度（路径 C，39.6%）。

表 3-5 按照用于分割多元回归分析中解释方差的过程，提供了分割覆盖度所需的所有信息。为了评估在多元回归中涉及多个相关预测变量的解释变异时，某一自变量独立或独特的贡献，研究人员通过将该自变量从完全设定的多元方程中移除，计算发生的解释变异的减少量。例如，要找到 X_1 对 Y 的解释变异的独特贡献，有必要计算包含所有相关自变量的多元回归方程，然后重新计算去除 X_1 后的方程。这两个方程之间的差异解释了 X_1 的独特贡献。这些程序确保了 X_1 与其他相关自变量所共享的解释变异不记入 X_1 所解释的变异中。相比之下，模糊集分析

中分割的目标是，评估不同前因条件组合的相对重要性。因此，集合论分析中的问题不是相关的自变量，因为与多元回归分析中的自变量不同，前因条件不是相互孤立的。相反，分割覆盖度很重要，因为一些案例符合多条路径。在我们的例子中，就有许多个体同时符合“高测试分数”“高收入父母”以及“接受大学教育”。

考虑清晰集中的案例。假设研究人员发现两个前因条件组合都能得出结果，即 *Y*：A · B + C · D。研究人员计算这两条路径的覆盖度，发现第一个覆盖了结果 *Y* 实例中的 25%（覆盖度 = 0.25），而第二个覆盖了 30%（覆盖度 = 0.3）。但是，当计算替代路径（即它们的并集：A · B + C · D，其中“+”表示逻辑或）的覆盖度时，研究人员发现它们只覆盖了 35% 的结果实例（覆盖度 = 0.35）。该数量远小于两个路径单独的覆盖度之和（即 0.35 < 0.25 + 0.3 = 0.55），原因是两条路径是部分重叠的。也就是说，有些案例结合了所有四种前因条件（即 A · B · C · D 的情况），并且当对两种前因条件组合分别计算原始覆盖度时，这些实例的覆盖度将被计算两次。

幸运的是，将总覆盖度（本例中为 0.35）划分为三个组成部分是非常简单的：A · B 的唯一覆盖度、C · D 的唯一覆盖度和重叠部分（即存在 A · B · C · D 的案例）。遵循回归分析的样板，每一项的唯一覆盖度可以通过减法计算得出。路径 A · B 的唯一覆盖度是 0.35 – 0.3 = 0.05；路径 C · D 的唯一覆盖度是 0.35 – 0.25 = 0.10；总覆盖度的剩余部分是这两项之间的重叠部分。简而言之，这些简单的计算表明，A · B · C · D 途径覆盖了 20% 的结果实例，A · B 途径覆盖了 5% 的结果实例，C · D 途径覆盖了 10% 的结果实例。

在模糊集分析中前因条件组合唯一覆盖度的计算是完全相似的，如表 3-6 所示，它使用了与表 3-5 中相同的个人层面数据。由路径 T · I 导致结果（避免贫困）的唯一覆盖度，是双路径模型的覆盖度（0.438 7）和从双路径模型中去除该路径（T · I）后获得的覆盖度（在这个例子中，它相当于替代路径（C）的覆盖度）之间的差值。因此，路径 T · I 的唯一覆盖度是 0.042 7，即 0.438 7（两条路径的并集覆盖度）减去 0.396 0（路径 C 的覆盖度）。同样，由路径 C 导致结果的唯一覆盖度，是双路径模型的覆盖度（0.438 7）与路径 T · I 本身的覆盖度（0.221 9）之间的差值，即 0.216 8。这些计算表明，路径 C 的唯一覆盖度远大于路径 T · I

的唯一覆盖度。事实上，路径 T·I 的覆盖度几乎完全是路径 C 覆盖度的一个子集（换句话说，T·I 的大部分是 T·I·C）。双路径模型的大部分覆盖范围是重叠的。这个比例可以通过计算双路径模型的覆盖度（0.438 7）和两个路径的唯一覆盖度总和（0.042 7 + 0.216 8 = 0.259 5）之间的差值来计算，即 0.179 2。图 3-6 用维恩图解释了这些结果。

表 3-6 分割覆盖度

	总覆盖度	除去该项	唯一覆盖度
T·I 的唯一覆盖度	0.438 7	0.396 0	0.042 7
C 的唯一覆盖度	0.438 7	0.221 9	0.216 8

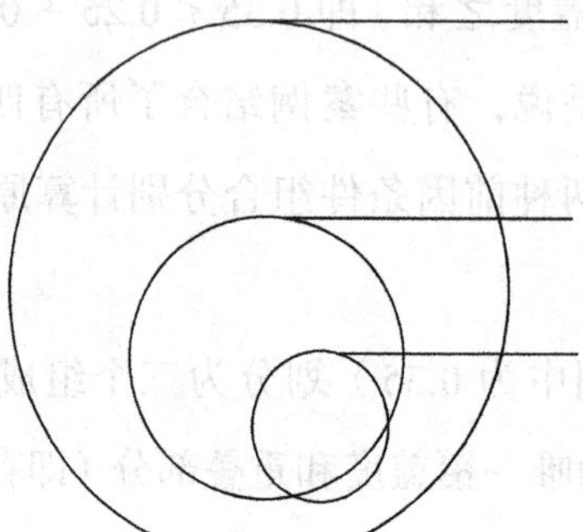

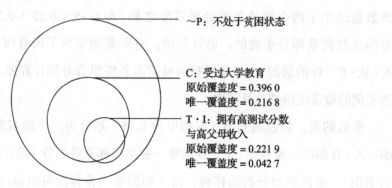

图 3-6 用维恩图来展示模糊集中覆盖度的各个区块

当许多不同的路径可能导致相同的结果时，重要的是要计算每个前因条件组合的原始覆盖度和唯一覆盖度。这些计算结果常常表明，在具有许多充分条件组合的分析中，通常只存在少数高覆盖度的前因条件组合。了解与结果相关的所有不同前因条件组合是有用的，但评估其相对实证权重也很重要。原始覆盖度和唯一覆盖度的计算直接提供了这些评估。

展望

正如在随后的章节中将会阐明的那样，这些集合论的一致性和覆盖度的测量有很多用途。例如，它们可以帮助从模糊集数据中构建“清晰”的真值表，这是第 7 章中描述的“模糊真值表”算法的基础。

PART 2

第二篇

校准与测量

第4章 为什么要校准

CHAPTER4

模糊集对社会科学来说是比较新的概念。迈克尔·史密森（Michael Smithson）在 1987 年首先将模糊集全面引入社会科学领域。然而，其应用在定性比较分析详细阐释模糊集分析（QCA）的基本原理之前都是很罕见的（Ragin，1987，2000），定性比较分析系统而非相关性从根本上为模糊集的灵感和设计提供了集合理论。这两者的结合产生了模糊集定性比较分析（fsQCA），这为社会科学家的常规定量方法提供了一组替代方法，前者几乎完全基于相关推理。

有用的模糊集分析的关键是构造良好的模糊集，这反过来又提出了校准的问题。研究人员如何校准集合中的隶属度，例如民主党集合，这个集合应该如何定义？完全隶属如何构成？完全不隶属如何构成？在这个集合中有 0.75 隶属度的人是什么样的（偏隶属，但非完全隶属）？这个人与有 0.90 隶属度的人有什么不同？本章主要讲述了模糊集不同于常规变量，必须进行校准。正因为必须校准，所以它们在许多方面都优于常规的测量，这在定量和定性社会科学中都有使用。实质上，我认为模糊集提供了定量和定性度量之间的中间路径。但是，该中间路径并不是这两者的折中。相反，它弥补了这两者的许多局限性。

什么是校准

校准是化学、天文学和物理学等领域必不可少的常规研究实践（Pawson，1989：135-137）。在以上科学和其他自然科学中，研究人员通过调整测量设备和读数来校准它们，以使它们匹配或符合可靠的已知标准。这些标准使得测量直接可解释（Byrne，2002）。20℃的温度是可以解释的，因为它介于0℃（水冻结）和100℃（水沸腾）之间。相反，根据公认标准进行校准在社会科学中是相当少见的。[㊀]大多数社会科学家满足于使用未经校准的测量，这些测量只显示案例相对于彼此的位置。然而，未经校准的测量显然不如已校准的测量，例如，使用未经校准的温度测量，可能知道一个物体的温度高于另一个物体的温度，或者甚至它比一组给定物体的平均温度更高，但仍然不知道它是热的还是冷的。同样地，利用没有经过校准的民主测量，可能知道一个国家比另一个国家或者比大部分国家更民主，却不知道它是更民主还是更独裁。

在一个条件为其他条件设置或形成背景环境的情况下，校准尤其重要。例如，温度和H_2O的体积之间的关系在0℃时发生定性的变化，而在100℃时又发生变化。H_2O的体积随着温度低于0℃而减小，且随着温度超过100℃而增加。摄氏温标校准的目的是表明这些“相移”，而如果不考虑这两个定性断点，研究H_2O性质的人员则不必检验其性质之间的关系。了解这些温度测量本身的外部相移，为其校准提供了基础。[㊁]

在社会现象的研究中充满了类似相移操作的情境设置条件，最基本的情境设置条件是范围条件（Walker and Cohen，1985）。当研究者指出某种特定的性质或关系只针对某种类型的情况（例如，只对那些民主国家）存在时，就已经在使用范围条件来界定一个支持情境。在社会科学中情境设置条件的另一个例子是将经验上的人口类别视为支持某种性质或关系存在的条件。例如，当研究人员认为一种

㊀ 也许最大的校准努力已经在扶贫领域中发挥了作用，其中建立外部标准（即“定义谁是穷人”）的任务具有深刻的政策相关性。校准测量的另一个例子是联合国制定并发表在《人类发展报告》中的“人类发展指数”。相反，校准在经济学中有完全不同的意义。研究人员“校准”模型中的参数是通过将该参数固定为特定值，从而可以观察模型中其他参数的特性和行为。这种类型的校准与明确的校准测量是大相径庭的，这也是本章的核心问题。

㊁ 感谢亨利·布雷迪（Henry Brady）指出了相移概念（作为阐明我观点的一种方法）的重要性。

性质或关系只对拉美国家有效时，他们就利用经验描述的族群作为情境设置条件。虽然范围条件和族群之间的区别有时是模糊的，但它们作为情境设置条件，在使用时是平等的。在这两种用法中，它们都是启用或禁用特定属性或关系的条件。

统计交互效应检测通常也是类似的考虑情境条件，分析这些条件对其他变量之间关系的改变，也就是说，考虑情境设置条件（context-setting conditions）。如果随着第三变量 Z 的增加，X 对 Y 的影响会从无效果增加到产生实质性影响，则 Z 作为情境设置条件，使得 X 和 Y 之间的关系成为可能。不同于范围条件和族群，本例中交互变量 Z 是根据等级变化的，并不是一个简单的存在或不存在的二分法。虽然情境设置条件随水平或程度变化而使研究复杂化，但在这三种情况下逻辑是相同的。事实上，有人可能会认为，范围条件等二元情境设置条件是统计上交互效应的特例。

作为情境设置条件，交互变量 Z 根据等级变化的事实自动引出了校准的问题。Z 在什么水平时，X 和 Y 之间的关系成为可能？Z 在什么水平时，X 和 Y 之间存在强烈的关系？为回答这些问题，有必要指定 Z 的相关值，这事实上是对 Z 的一种校准。在 Z 的特定值范围内，X 与 Y 之间不存在关系，而在另一范围内 X 和 Y 之间则存在着强关系。也许在 Z 的中间值上，X 和 Y 之间存在着较弱到中等的关系。为了具体说明这些值或水平，有必要以某种方式引入外部的实质性知识作为情境设置条件，来解释这些不同的水平。采用交互分析统计模型的研究者在很大程度上忽视了这个问题，并且一直满足于对统计交互进行广泛的检验，将重点放在解释因变量变化的增量上，而没有关注校准和情境问题。

为了给模糊集的讨论和校准设定舞台，我首先研究定量和定性社会科学研究中常见的测量实践。在粗略掌握了这些实践之后，我认为模糊集与定性研究人员以及定量研究人员的测量问题都产生了共鸣，定性测量的目标通常是区分相关和不相关的变化（即**解释变化**），定量测量的目标是确定案例相对于彼此的精确定位。

定量研究中的常用测量实践

尽管许多著名学者（例如，Duncan，1984；Pawson，1989）投入了巨大的努力，但当今社会科学中所采用的测量标准仍然是相对杂乱无章的。主导的方法是指标方法，在这个方法中，社会科学家试图找出理论概念的最佳经验性指标。例如，人均国民生产总值（以美元不变，根据购买力的差异进行调整）经常作为国家发展所适用的理论概念的经验性指标。在指标方法中主要的要求是，在案例间指标必须有所变化，以与基本概念相一致的方式对指标进行排序。例如，人均国民生产总值的价值是必须系统地将欠发达国家与较发达国家区分开。

在这种方法中，精细的分级和相等的测量区间优于粗略的分类和单纯的排序。人均国民生产总值等指标特别值得称赞，这不仅因为它们提供了精细的分级（例如，人均国民生产总值 5 500 美元比 5 600 美元正好低了 100 美元），而且因为两个案例之间的差距被认为是“相同的”，比如无论是 1 000 美元与 2 000 美元之间的差额，还是 21 000 美元与 22 000 美元之间的差额，都是相等的（即 1 000 美元的差额）。[一]这样的定距和定比尺度非常适用于最广泛使用的评估变量之间关系的分析技术，如多元回归分析和相关线性分析。[二]

更复杂的指标模型版本使用多个指标，并依赖于心理测量理论（Nunnally and Bernstein，1994）。心理测量理论的核心思想是，由具有相同基本概念的多个相关指标组成的指数可能比任何单一指标更准确、更可靠。考虑一个简单的例子：人均国民生产总值很容易夸大石油输出国的发展水平，使它们看起来比“实际上”更发达。这种异常现象挑战了人均国民生产总值作为基本概念的一个指标的表面效度。然而，使用由多个指标组成的发展指数（如包括识字率、预期寿命、能源消耗和劳动力成分等因素）将解决这些异常现象，因为就这些发展替代指标中的某些指标而言，许多石油输出国的得分相对较低。理想的情况是，一个基本概念的各种指标相互之间应该有强烈的关联性。如果指标之间没有关联性，那么它

[一] 实际上，生活在人均国民生产总值为 2 000 美元的国家和生活在人均国民生产总值为 1 000 美元的国家是有着天壤之别的；然而，生活在人均国民生产总值为 22 000 美元的国家和生活在人均国民生产总值为 21 000 美元的国家，两者之间几乎没有区别。使用常规指标方法的研究人员很少解决这些尖锐的问题，但是在使用校准度量（例如模糊集）的研究中他们必须直接面对这些问题。

[二] 大多数教材声称定比尺度是最高度量形式，因为它们被一个有意义的零点锚定，但重要的是，要注意模糊集有三个数值锚点：1.0（完全隶属）、0.0（完全不隶属）和 0.5（区分案例偏属于或偏不属于讨论中集合的交叉点）（Ragin，2000）。如果比这样的“锚定”更容易被接受预示着更高的测量水平，那么模糊集的测量水平比定比尺度变量更高。

们可能是不同的基本概念的指标（Nunnally and Bernstein，1994）。只有在所有指标中始终保持高分的案例才能获得由多个指标构成的指数中的最高分数。相应地，只有那些在所有指标中始终保持低分的案例才能得到最低的得分。当然，这中间的案例是混杂的。

通过所谓的结构方程模型（structural equation modeling，SEM）的一项分析技术来实施指标方法也许是最复杂的（Bollen，1989）。SEM 将单个概念（基本心理测量模型）的多个指标的使用延伸为多个概念及其相互关系。本质上，多元指标中的指数构建是在分析概念间相互关系的背景下进行的。因此，指数构建以优化假设关系的方式进行调整。使用 SEM，研究人员可以在嵌入指数的模型情境中评估其构建的指数的一致性。同时，他们也可以评估模型整体的一致性。

指标族中的所有技术都深度依赖于可观察的变异，而这种变异在其定义和构建中几乎都是样本特定的。如前所述，在常规方法中，指标必须满足的关键要求是，它必须以反映基本概念的方式排列案例。指出这些排序本质上是完全相对的，是非常重要的。也就是说，在指标分数分布（即“高”分与“低”分）中案例被定义为**彼此相对**。例如，如果美国的人均国民生产总值比意大利高 1 000 美元，那么美国就被认为相对更发达。国家之间的差距越大，它们在发展阶层中的相对地位就越不同。此外，“高”分与“低”分是根据**观察到的相对分数分布**来定义的，通常被认为是从明确定义的总体中抽取的样本的分数。因此，分数高于样本中心趋势（通常为平均值）的案例得到高分，这个正的差距越大，得分就越高。同样，分数低于平均值的案例得分较低，这个负差距越大，得分越低。值得注意的是，**使用中心趋势的特定样本测量的偏差提供了一种非常原始但被动的校准形式**。其原始性在于，校准标准（如平均值和标准差）随着样本的不同而变化，并经归纳推导得出。相比之下，物理科学的常规做法是基于外部的可靠已知标准（如水的沸点）进行校准。

乍看之下，在社会科学中使用指标的这些常规做法似乎完全直截了当，且没有争议。例如，各国排出彼此之间的相对顺序，并且应该根据所涉及的样本或人口，利用一些中心趋势测量来确定高分与低分，这似乎完全合理。这里再一次强调，指标模型的基本要求是简单的变异，这只需要呈现各种分数的样本（或总体）

和基于样本（或总体）中心趋势的测量。但是请注意，在这个观点中，所有的变异都被认为具有同等的**相关性**。[㊀]也就是说，在整个范围内指标的变化被认为与其揭示的潜在概念有关。例如，收入分配最高的两个国家都是“高度发达国家”，但将两者区分开的差距表明了，其中一个国家比另一个国家更发达。在指标方法中，这种差异通常是以面值来衡量的，这意味着通常不会尝试去查看案例，并质疑（对基本概念而言）这种差异或者其他差异（无论大小）是不是相关的或有意义的差异。[㊁]相反，相对于公认的对分数的解释，外部标准是测量校准的核心。这些外部标准为分数的解释提供了一个情境。

定性研究中的常用测量实践

在常规的定量研究中，测量是概念指标，而这些指标既是模型的组成部分，又是由理论推导出来的。因此，定量测量方法是以理论为中心的。相比之下，**大量的定性研究更多的是以知识和案例为中心，因此往往更多地以经验证据为基础，而且在本质上更加“迭代”**。也就是说，概念的形成既与测量又与研究策略之间存在相互作用关系（Glaser and Strauss，1967）。首先，研究者提出想法和大量的概念，并使用实证案例来帮助完善和阐述概念（Becker，1958）。这种渐进式完善的过程涉及观点与证据之间反复的“来回”运动（Katz，1982；Ragin，1994）。研究人员在这种来回的过程中指定并完善他们的经验指标和测量。

考虑一下这个简单的例子：宏观层面的研究人员经常在区分经历国家形成“早”与“迟”的国家（Rokkan，1975）。那些发展得比较早的国家比发展得晚的国家有一定的优势，反之亦然。例如，大卫·莱廷（David Laitin）指出，今天国家领导人没有得到早期君主可以采取的强制性的国家建设实践（如强制推行统一语言），部分原因是这些政策可能会引发国际谴责。但是，早期的国家形成是什

㊀ 当然，研究人员有时会转换他们的变量（例如，使用原始数据的对数转换），以减少偏差并转变变异权重。但相对来说，这种调整是不常见的，且无论如何，通常都会被机械地理解为是提高模型稳健性的一种方法。

㊁ 还要注意到，定量研究者通常对分布两端任意端的变异应该以某种方式被忽略或截断的观点存疑，因为截断这种变异往往会削弱相关性。

么？当然，国家形成的发生是可以追溯的。因此，研究者有可能开发一个比较精确的比例尺来衡量一个国家的“年龄”。但是，这种简单直接的测量所捕捉到的大部分变化与早期国家形成和晚期国家形成的概念并不相关。例如，假设一个国家已经存在了 500 年，另一个国家已经存在了 250 年。第一个国家的存在时间是第二个国家的两倍，但是从积累的有关国家形成的实质和理论知识的视角来看，两者都完全属于早期。因此，定比指标年龄所获取的许多变化与早期和晚期的国家形成之间的差异根本无关。年龄必须在积累的实质性知识基础上进行调整，以便能够以一种与现有理论相适应、相呼应的方式来解释早期和晚期。

这种校准在定性工作中是常规的，尽管它们很少被建模，甚至没有被明确阐释。事实上，从常规定量研究的角度来看，定性研究人员似乎为了适应预设而偏离了他们的测量。然而事实上，定性研究人员的目标恰恰是根据对案例的知识和自身的兴趣来解释“单纯的指标”(例如，从国家形成理论的立场来区分一个国家的早与晚)，如年龄。

定性研究中测量的第二个基本特征是，它比定量研究中的测量更具有案例导向性。这种观察远远超出了以前的观察，因为定性研究人员更关注案例的细节。在以案例为导向的研究中，概念的重点是特定**种类**的案例，如发达国家。相比之下，在变量导向的研究中，焦点在于确定的样本或案例总体的变异维度，例如，当前构成的民族国家之间的发展水平的变异。这种差异是微妙的，但是很重要，因为案例不仅可以在一个给定的维度上变异，而且可以在其满足隶属一个类别或一个集合的要求上变化。例如，各国在满足隶属发达国家的程度方面有所不同，有些案例完全满足要求，有些部分满足要求，有些则完全不满足要求。为了评估案例如何满足成员资格要求，有必要援引外部标准，例如，考虑一个国家凭借什么被认为是发达国家。因此，在案例导向的观点中，主要关注的是多个集合案例，其集合成员可以单独确定和研究（如发达国家）。相比之下，在变量导向的观点中，案例通常被简单地理解为进行测量的场所（也就是说，它们往往被视为单纯的“观察对象”），这反过来又为研究变量之间的关系提供了必要的原材料，被视为跨案例模式。

因此，案例导向的观点更适合于测量应该被校准的论断，因为重点是案例满足隶属标准的程度，而隶属标准又通常是由外部决定的，而不是推导得出的（例如，使用样本平均值）。**这些隶属标准必须反映公认的标准，否则，一个类别或集合的构成将受到质疑**。在变量导向的观点中，总体的成员仅仅是在某一给定特征或现象上的程度不同，且通常没有特别的动机来指定集合隶属的标准或者将具体案例确定为实例。因此，定性测量方法和定量测量方法之间的根本区别在于，在定性方法中，意义被附加或强加于特定的测量上，例如，什么构成了早期国家形成条件或者指定一个发达国家需要什么。总之，定性研究的测量是解释性的。

定性社会学家亚伦·西科尔（Aaron Cicourel）是这里描述的对测量理解的早期支持者。西科尔在他的经典著作《社会学方法和测量》中指出，有必要考虑三种“媒介”：语言、文化意义以及测量系统的特性。社会学家通过这三种“媒介”来开发类别，并将它们与物体和事件的可观察特性联系起来。他认为，不能将建立对等阶级（如“民主国家”或“发达国家”）问题孤立或分离于语言和文化意义问题。西科尔（1964）认为，“因为可用数据是以数字形式表示的，或者因为它被认为‘更科学’，将变量视为定量，并没有解决测量问题，而是通过按指标计量避免了测量问题。按指标计量并不能替代我们对理论结构进行检查和重新审视，以便我们对社会对象和事件属性的观察、描述和测量与我们认为的社会现实的结构具有一致性”。总之，西科尔认为，必须在理论和实质性知识的背景下评估测量及其属性。**社会学家拥有理论概念的定比指标并不意味着“社会现实”就具有这种尺度的数学特性**。

因此，社会学家应该使用外部标准来评估和解释他们的测量，这一想法在定性研究中远比在常规的定量研究中更普遍。然而，定性研究与定量研究的一个重要区别在于，前者的测量通常缺乏精确性，定性研究典型的情境敏感度和案例导向的测量方法往往显得杂乱无章且不科学。

模糊集：两种方法之间的桥梁

有了模糊集，就有可能获得两全其美的好处，即既拥有定量研究人员所珍视的精确度，又使用对定性研究至关重要的实质性知识来校准测量。有了模糊集，精确度以集合隶属度的量化评估形式出现，其范围可以介于 0.0（完全排除在外）到 1.0（完全包含）之间。实质性知识提供了可以校准测量的外部标准。这些知识表明完全隶属、完全不隶属，以及判定案例在给定集合中的隶属度高于不隶属度的临界点（Ragin，2000；Smithson and Verkuilen，2006；另见第 2 章）。

用来校准测量数据并将其转换成集合隶属分数的**外部标准**可以反映基于社会知识的标准（例如，12 年的教育构成重要的教育门槛这一事实）、集体社会科学知识（例如，关于经济发展的变化以及在发达国家中需要充分考虑的因素），或者研究人员自己积累的从具体案例研究中得出的知识。应明确阐释这些外部标准，并且必须系统而透明地应用这些标准。这一要求将模糊集的使用从常规定性工作中分离出来，其中所应用的标准通常是隐晦的。

模糊集连接了定量测量方法和定性测量方法，因为它们既定性也定量。完全隶属和完全不隶属是定性状态。在这两个定性状态之间有不同程度的隶属度，即从高不隶属度（接近 0.0）到高隶属度（接近 1.0）。模糊集既是定性的也是定量的，因为它们既是案例导向的，也是变量导向的。它们注重案例导向，关注集合和集合隶属。在案例导向的工作中，案例的身份至关重要，如案例可能属于哪一集合（如民主国家）。模糊集的变量导向体现在它们的隶属度，以及案例间的细微变异上。模糊集的这一特点也为精确测量提供了基础，这在定量研究中是非常珍贵的。

模糊集与常规变量的区别

模糊集和常规变量之间的关键区别在于它们是如何被概念化和标记的。例如，尽管构建一个通用变量如“教育年限”是可能的，但是如果不首先指定和定义目标案例集合，就不可能将这个变量直接转化为模糊集。在这种情况下，研究人员可能对那些至少有高中文化程度或者接受过大学教育的人感兴趣。这个例子清楚地表明了，不同目标集合的指定决定了不同的校准方案。例如，接受过一年大学教育的人，在至少接受过高中教育的人群中拥有完全隶属度（1.0），但是这个人显然不完全隶属于接受过大学教育的人。以相似的方式来说，“经济发展水平”作为一个通用变量，显然是有意义的，但为了将其作为一个模糊集进行校准，就必须指定一个目标集合，如发达国家集合。注意这个要求（即研究者指定一个目标集合）不仅构成了该集合的校准，而且提供了理论话语和实证分析之间的直接联系。毕竟，围绕指定的目标集合（如发达国家）组织理论话语比围绕通用变量（如经济发展水平）组织理论话语更为常见。

这些例子阐明了模糊集校准的一个核心的关键特征——为校准一个模糊集，研究人员有必要区分相关和不相关的差异。例如，完成一年大学教育的人与完成两年大学教育的人之间的差异与至少具有高中学历的人的集合无关，因为这两个人都完全在这个集合中（隶属度 = 1.0）。他们之间一年的差异与概念化的、标记的目标集合完全不相关。在校准一个模糊集时，与集合无关的变化必须被截断，以使得到的隶属分数忠实地反映目标集合的标记。这个要求也在理论话语和实证分析之间建立了密切联系。

按照本书的总体主题，使用精确校准的模糊集的一个很大的好处是，它们允许在社会科学研究中使用集合论原则。这些原则包括子集关系（这是分析必要性和充分性的核心）、集合交集（这是案例作为组态的研究核心）、集合并集（这是相同结果替代路径的检查核心）、真值表（用来揭示因果复杂性）等。这些集合论的操作在使用未经校准的测量（如常规的定距和定比尺度变量）的研究人员的使用范围之外。

展望

第 5 章将对模糊集的校准进行较为详细的介绍，并着重介绍其实际应用。它关注模糊集作为定距和定比尺度变量的校准，并描述两种通用方法。第一种是直接方法，基于研究人员指定的完全隶属、完全不隶属和交叉点。第二种是间接方法，基于研究者将案例分为六类，并使用回归估算程序将原始分数转换为模糊隶属分数。

第 5 章 校准模糊集

本章概述了校准传统定距尺度变量为模糊集的两种技术，这两种技术都利用外部标准构建校准。正如第 4 章所述，传统变量不是未经校准，就是通过归纳推导的样本特定性标准（平均值和标准差）进行了隐式校准。相反，模糊集通过外部标准进行校准，其必须依次遵循并符合研究者对研究中集合的概念化、定义以及标记过程。外部标准有两种不同的实施途径。使用第一种方法——**直接法**，研究者指定某一定距尺度的值，该定距尺度值对应三个定性断点构成一个模糊集的标准，即完全隶属、完全不隶属和交叉点。这三个基准随后将应用于将原始定距尺度值转换为模糊隶属分数。使用第二种方法——**间接法**，所采取的外部标准是研究者对定距尺度上给定分数的案例在目标集中隶属度的定性评估。研究者将每个案例分别归于六类当中，然后使用简单的评估技术来重新调整原始测量值，使其符合这些定性评估。两种方法的最终结果都是对集合中的案例隶属度进行精细校准，分数值范围为 0.0 ～ 1.0。本章中的例子说明了这些校准方法对研究人员概念化目标集行为的响应性。

将定距尺度变量转化为模糊集

在理想情况下，集合中隶属度的校准应完全基于研究者的实质和理论知识。也就是说，社会学家的集体知识库应该为精确校准的规范提供基础。例如，在充分了解了发展情况的基础上，社会学家应当能够确定表明在发达国家集合中拥有完全隶属度的人均国民收入水平的数据。然而，社会科学仍处于起步阶段，这种知识库不存在。此外，因为高度关注以平均值为中心的变异和共变异，并将其作为评估个案之间关系的关键，以变量为导向的研究的主导性削弱了学者对于基于阈值和基准的学术研究的兴趣。虽然确定阈值和基准的问题尚未引起应有的重视，但这不是一项艰巨的任务。有用校准的首要条件是对目前存在的实质性问题的单纯持续关注（例如，确定发达国家的完全隶属度由什么构成）。

尽管现有知识库存在不完善之处，但仍有可能展示校准技术。其所缺乏的是用于校准数据的精确“公认标准”。在可能的范围内，本章所介绍的校准都基于现有的理论和实质性文献。然而，重点在于校准技术，而非用于构建校准的具体实证基准。

本章所提出的技术假定了研究者已经在处理其概念的传统定距尺度指标，例如，将人均国民收入作为发展的一个指标。这些技术还假定了概念能够用集合论的方式进行构建和标记，例如，发达国家集合中的成员隶属度。请注意，这种标记要求将调查工作引至一个明确的案例导向的方向。发达国家集合确定了具体的国家，而发展水平则没有如此。后者只是简单地确定了国家间变异的一个维度。

直接法将估计在一个集合中的完全隶属的对数概率（log odds）作为中间步骤。尽管这种转化途径估测了一个集合中完全隶属的对数概率，可能看起来还是迂回曲折的，但随着论证的进行，该方法的价值将变得清晰。现在，思考表 5-1，其中展示了用于演示直接法的不同度量标准。第 1 列是从完全不隶属到完全隶属的可以区别不同成员隶属度的各种口头标签（verbal label）。第 2 列是与每个口头标签相关的成员隶属度。为方便起见，成员隶属度四舍五入至小数点后三位。第 3 列是利用以下公式将集合中隶属度（第 2 列）转换为完全隶属度后得出的相关概率：

$$相关概率 = (隶属度)/(1 - 隶属度)$$

最后一列是第 3 列中概率的自然对数。实际上，第 2 列至第 4 列是相同数值在使用不同度量标准后的不同表示法。例如，与“完全隶属阈值”一致的隶属度是 0.953，将它转换为相关概率值得 20.09，再计算 20.09 的自然对数便可得出 3.0 的分数。㊀

利用对数概率这一度量标准工作很有用，因为此度量标准完全对称于 0.0（50/50 的可能性），并且不受天花板和地板效应的影响。例如，如果一个校准技术返回一个对数概率值，不论是非常大的正数还是非常大的负数，那么该数值所转换的隶属度还是保持在 0.0 ～ 1.0 这一范围内，这是模糊隶属分数的核心要求。使用直接法校准的基本任务是根据表 5-1 中第 1 列所示的口头标签，将定距尺度变量转换为对数概率的度量标准。㊁

表 5-1　口头标签的数学转换

口头标签	隶属度	相关概率（odds）	完全隶属的对数概率
完全隶属	0.993	148.41	5.0
完全隶属阈值	0.953	20.09	3.0
非常隶属	0.881	7.39	2.0
有些隶属	0.622	1.65	0.5
交叉点	0.500	1.00	0.0
有些不隶属	0.378	0.61	–0.5
非常不隶属	0.119	0.14	–2.0
完全不隶属阈值	0.047	0.05	–3.0
完全不隶属	0.007	0.01	–5.0

重要的是要注意，由这些转换（范围为 0.0 ～ 1.0）产生的模糊隶属分数**不是**概率，而应该简单地看成由定距尺度到目标集合中隶属度的转换。实质上，模糊隶属分数将**真值**（而非概率）附加到一个命题中（例如，一个国家处于发达国家集合中的命题）。**真值**（truth value）与**概率**（probability）之间的差异很容易理解，但令人惊讶的是，有很多学者混淆了这两者。例如，“啤酒是一种致命的毒药”

㊀ 为与第 4 列中的简单单位数条目相对应，第 2 列中所示的隶属度数值已经过调整（例如，用 0.993 而不是 0.99 表示完全隶属）。

㊁ 本章所介绍的模糊隶属分数的校准程序从数值上无法得出 1.0 整或 0.0 整的集合隶属分数。就对数概率而言，这两个隶属分数可能分别相当于正无穷和负无穷。因此，分数高于 0.95 就可以看成（几乎）完全隶属于目标集合，分数低于 0.05 就可以看成（几乎）完全不隶属于目标集合。

这一命题的**真值**大约是 0.05，也就是说，该命题几乎（并非完全）不属于**真命题**集合。而且每天有数百万人毫无顾虑地自由消费着啤酒，但是，这几百万人不太可能消费一种有 0.05 的可能是致命毒药（且平均而言，20 瓶中有 1 瓶啤酒致死）的液体。

直接校准法

任何集合校准的起点都是目标集的清晰说明。此次论证的焦点是发达国家集合，其目标是使用人均国民收入数据来校准该集合的成员隶属度。示例中共包括 136 个国家，表 5-2 列出了其中 24 个国家的数据，这些国家代表着各种水平的人均国民收入值。

表 5-2 校准发达国家集合中的隶属度（直接法）

国家	人均国民收入（美元）	交叉点偏差	标量	乘积	隶属度
瑞士	40 110	35 110.00	0.000 2	7.02	1.00
美国	34 400	29 400.00	0.000 2	5.88	1.00
荷兰	25 200	20 200.00	0.000 2	4.04	0.98
芬兰	24 920	19 920.00	0.000 2	3.98	0.98
澳大利亚	20 060	15 060.00	0.000 2	3.01	0.95
以色列	17 090	12 090.00	0.000 2	2.42	0.92
西班牙	15 320	10 320.00	0.000 2	2.06	0.89
新西兰	13 680	8 680.00	0.000 2	1.74	0.85
塞浦路斯	11 720	6 720.00	0.000 2	1.34	0.79
希腊	11 290	6 290.00	0.000 2	1.26	0.78
葡萄牙	10 940	5 940.00	0.000 2	1.19	0.77
韩国	9 800	4 800.00	0.000 2	0.96	0.72
阿根廷	7 470	2 470.00	0.000 2	0.49	0.62
匈牙利	4 670	−330.00	0.001 2	−0.40	0.40
委内瑞拉	4 100	−900.00	0.001 2	−1.08	0.25
爱沙尼亚	4 070	−930.00	0.001 2	−1.12	0.25
巴拿马	3 740	−1 260.00	0.001 2	−1.51	0.18
毛里求斯	3 690	−1 310.00	0.001 2	−1.57	0.17
巴西	3 590	−1 410.00	0.001 2	−1.69	0.16
土耳其	2 980	−2 020.00	0.001 2	−2.42	0.08

（续）

国家	人均国民收入（美元）	交叉点偏差	标量	乘积	隶属度
玻利维亚	1 000	–4 000.00	0.001 2	–4.80	0.01
科特迪瓦	650	–4 350.00	0.001 2	–5.22	0.01
塞内加尔	450	–4 550.00	0.001 2	–5.46	0.00
布隆迪	110	–4 890.00	0.001 2	–5.87	0.00

直接法使用三个重要的定性锚点来进行结构化校准：完全隶属阈值、完全不隶属阈值以及交叉点（参见 Ragin，2000 及本书第 2 章）。交叉点是在定距尺度变量的值上决定了一个案例是大部分属于还是大部分不属于目标集的一个具有最大模糊性的值。为了本论证，我将人均国民收入值 5 000 美元作为交叉点。根据研究者指定的交叉点（本例中为 5 000 美元）计算原始分数（在第 2 列中展示）的偏差是直接校准法中的一个重要步骤。这些偏差值在表 5-2 的第 3 列中展示。负分值表明该案例在目标集中偏不隶属，而正分值则表明该案例在目标集中偏隶属。

关于目标集中的完全隶属阈值，我定的是人均国民收入值 20 000 美元，该值偏差分数为 15 000 美元（比较表 5-2 的第 2 列和第 3 列）。该值对应的集合隶属分数以及对数概率分别为 0.95 和 3.0。因此，我们认为人均国民收入为 20 000 美元及以上（即偏差分数为 15 000 美元及以上）的案例完全隶属于目标集，其集合隶属分数≥ 0.95 且隶属对数概率≥ 3.0。在相反的方向上，目标集中完全不隶属的阈值为 2 500 美元，其偏差分数为 –2 500 美元。该人均国民收入值对应的集合隶属分数以及对数概率分别为 0.05 和 –3.0。因此，人均国民收入在 2 500 美元及以下（即偏差分数为 –2 500 美元及以下）的案例完全不隶属于目标集，其集合隶属分数≤ 0.05 且隶属对数概率≤ –3.0。

一旦选定了两个阈值和交叉点这三个值，就有可能对目标集中的隶属度进行校准。目前的主要任务是利用在三个定性锚点中已经实施的外部标准，将以交叉点为中心的人均国民收入数据（第 3 列）转化为对数概率度量标准。对高于交叉点的偏差分数，可以通过将相关偏差分数（表 5-2 第 3 列）乘以一个比值标量来完成转化，该比值是和完全隶属阈值的口头标签相关的对数概率（3.0）与所指定的完全隶属阈值的偏差分值（20 000 美元 – 5 000 美元 =15 000 美元）之比。这个比值是 3/15 000，即 0.000 2。对于小于交叉点的偏差分数，可通过将相关偏差分数（表 5-2 第 3 列）乘以和完全不隶属阈值的口头标签相关的对数概率（–3.0）与所指定的完全不隶属阈值的偏差分值（2 500 美元 – 5 000 美元 = –2 500 美元）之比来完成转化。这个比例是 –3/–2 500，即 0.001 2。这些标量在第 4 列中展示，第 3 列和第 4 列的乘积展示在第 5 列中。[㊀]因此，第 5 列展示了通过这两个标量，利用三个定性锚点来构建转换，将收入偏差分数转换为对数概率度量标准。

实际上，第 5 列中的数值是人均国民收入数值，该数值已被重新调整——反映发达国家集合中隶属对数概率的数值，其调整方式严格遵守三个定性锚点——完全隶属阈值、完全不隶属阈值和交叉点。因此，第 5 列数值并不仅仅是对人均国民收入的机械重调，它们反映了通过三个定性锚点来强加外部准则。这种外部标准的使用是测量校准的标志（见第 4 章）。

从第 5 列中的对数概率到第 6 列中的隶属度数值只需要一小步。把标准公式应用于将对数概率转换为从 0.0 到 1.0 的分数很简单：

隶属度 = exp（对数概率）/［1 + exp（对数概率）］

其中，exp 代表对数概率对简单概率的求幂。[㊁]请注意，表 5-2 的最后一列呈现的隶属值严格遵守三个定性锚点的分布。也就是说，完全隶属阈值（0.95）与人均国民收入达到 20 000 美元挂钩，交叉点（0.50）与 5 000 美元的人均国民收入挂钩等。为了进一步说明直接法的结果，请参考图 5-1，该图反映了人均国民收入与一个国家在发达国家集合中的隶属度的对应关系，其中使用了此次论证所包含的所有 136 个国家的数据。如图 5-1 所示，随着接近 0.0（完全不隶属）和 1.0（完全隶属），线条趋于平坦，符合集合隶属度的概念化。该图所揭示的是，世界上大多数国家处于图片的左下角，人均国民收入低，并且完全不属于发达国家集合（即集合隶属分数 < 0.05）。

㊀ 在偏离交叉点的人均国民收入（X 轴）与发达国家集合中完全隶属的对数概率（Y 轴）的图中，这两个标量构成了人均国民收入由原点（0, 0）延伸到两个阈值点（15 000, 3）和（–2 500, –3）的两条线的斜率。

㊁ 这些程序可能看起来不容乐观。有关数学上不受欢迎的情况，我注意到可以通过 fsQCA 软件包的一个简单**计算**命令（Ragin，Drass and Davey，2007）来完成表 5-2 中列出的复杂计算步骤。

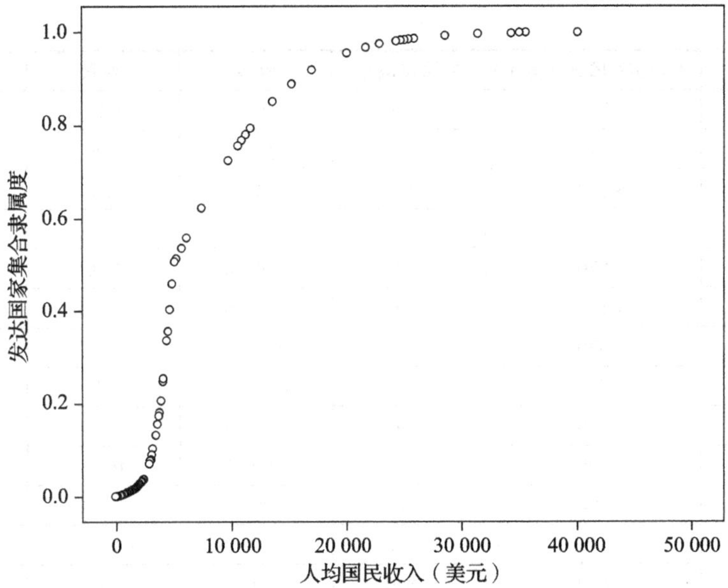

图 5-1 发达国家集合隶属度与人均国民收入的关系（直接法）

为了说明外部标准对校准的重要性，考虑使用相同的人均国民收入数据（表 5-2 第 2 列）来校准这些国家在“至少中等发达”国家集合中的隶属度。由于目标集的定义已经改变，所以三个定性锚点也必须改变。适用于至少中等发达国家集合的三个锚点是：交叉点为 2 500 美元，完全隶属阈值为 7 500 美元，完全不隶属阈值为 1 000 美元。在这个例子中，高于交叉点的案例的专用标量是 3/5 000，低于交叉点的案例的专用标量为 –3/–1 500。表 5-3 利用与表 5-2 中的相同案例，展示了完整的程序。

表 5-3 校准中等发达国家集合中的成员隶属度（直接法）

国家	人均国民收入（美元）	交叉点偏差	标量	乘积	隶属度
瑞士	40 110	37 610	0.000 6	22.57	1.00
美国	34 400	31 900	0.000 6	19.14	1.00
荷兰	25 200	22 700	0.000 6	13.62	1.00
芬兰	24 920	22 420	0.000 6	13.45	1.00
澳大利亚	20 060	17 560	0.000 6	10.54	1.00
以色列	17 090	14 590	0.000 6	8.75	1.00
西班牙	15 320	12 820	0.000 6	7.69	1.00
新西兰	13 680	11 180	0.000 6	6.71	1.00
塞浦路斯	11 720	9 220	0.000 6	5.53	1.00

（续）

国家	人均国民收入（美元）	交叉点偏差	标量	乘积	隶属度
希腊	11 290	8 790	0.000 6	5.27	0.99
葡萄牙	10 940	8 440	0.000 6	5.06	0.99
韩国	9 800	7 300	0.000 6	4.38	0.99
阿根廷	7 470	4 970	0.000 6	2.98	0.95
匈牙利	4 670	2 170	0.000 6	1.30	0.79
委内瑞拉	4 100	1 600	0.000 6	0.96	0.72
爱沙尼亚	4 070	1 570	0.000 6	0.94	0.72
巴拿马	3 740	1 240	0.000 6	0.74	0.68
毛里求斯	3 690	1 190	0.000 6	0.71	0.67
巴西	3 590	1 090	0.000 6	0.65	0.66
土耳其	2 980	480	0.000 6	0.29	0.57
玻利维亚	1 000	−1 500	0.002 0	−3.00	0.05
科特迪瓦	650	−1 850	0.002 0	−3.70	0.02
塞内加尔	450	−2 050	0.002 0	−4.10	0.02
布隆迪	110	−2 390	0.002 0	−4.78	0.01

表 5-2 和表 5-3 之间的对比关键点是最后一列中校准后的隶属度。例如，土耳其的人均国民收入为 2 980 美元，其在发达国家集合中的隶属度为 0.08。但是在至少中等发达国家集合中的隶属度为 0.57，这使其隶属度高于交叉点水平。更一般地说，请注意，在表 5-3 中，有更多国家记录的集合隶属度接近 1.0，这与一个简单的事实相一致，即更多国家在中等发达国家集合中的隶属度高于其在发达国家集合中的水平。表 5-2 和表 5-3 之间的对比强调了校准的知识依赖性以及应用不同外部标准对同一度量（人均国民收入）的影响。再一次说明，理解校准的关键在于掌握外部标准的重要性，而外部标准又基于研究人员带到其研究中的理论和实质性知识。

间接校准法

直接法依赖与三个定性锚点相联系的数值设定，与之相比，间接法则赖于研究人员根据案例在目标集中的隶属度进行广泛的分组。实质上，研究人员首先将案例分为不同隶属级别，再指定这些不同级别的初步隶属分数，然后使用定距尺度数据对这些隶属分数进行优化。

本次将人均国民收入数据列于表 5-4 中再次分析。在间接法中第一个最重要的步骤是根据案例在目标集中的假定隶属度，以定性方式对其进行分类。这些定性分组只是初步的且可以进行修改。但是，这些定性分组应该尽可能地基于现有的理论和实质性知识。本展示使用的六个关键定性类别如下：[㊀]

1. 完全隶属目标集（隶属度 = 1.0）
2. 非常隶属目标集（隶属度 = 0.8）
3. 有些隶属目标集（隶属度 = 0.6）
4. 有些不隶属目标集（隶属度 = 0.4）
5. 非常不隶属目标集（隶属度 = 0.2）
6. 完全不隶属目标集（隶属度 = 0.0）

表 5-4　校准发达国家集合中的成员隶属度（间接法）

国家	人均国民收入（美元）	定性编码	预测值
瑞士	40 110	1.00	1.000
美国	34 400	1.00	1.000
荷兰	25 200	1.00	1.000
芬兰	24 920	1.00	1.000
澳大利亚	20 060	1.00	0.999
以色列	17 090	0.80	0.991
西班牙	15 320	0.80	0.977
新西兰	13 680	0.80	0.991
塞浦路斯	11 720	0.80	0.887
希腊	11 290	0.80	0.868
葡萄牙	10 940	0.80	0.852
韩国	9 800	0.60	0.793
阿根廷	7 470	0.60	0.653
匈牙利	4 670	0.40	0.495
委内瑞拉	4 100	0.40	0.465
爱沙尼亚	4 070	0.40	0.463
巴拿马	3 740	0.20	0.445

㊀ 当然，其他编码方案也是可能的，只需要三个定性类别。重要的一点是，这些类别的评分应反映研究人员对每个案例集合成员程度的初始估计。这些质量评估为更精细的校准提供了基础。

（续）

国家	人均国民收入（美元）	定性编码	预测值
毛里求斯	3 690	0.20	0.442
巴西	3 590	0.20	0.436
土耳其	2 980	0.20	0.397
玻利维亚	1 000	0.00	0.053
科特迪瓦	650	0.00	0.002
塞内加尔	450	0.00	0.000
布隆迪	110	0.00	0.000

这些分类使用明确的数值来反映对集合隶属度的初步估计，如表 5-4 的第 3 列所示。当然，这六个数值并不是任意的，而是选定的，是对每个定性分组的隶属度的粗略估计。间接法的目标是重新调整定距尺度指标，以反映基于知识的定性案例分组，根据集合隶属度进行分类。对案例的定性解释必须以实质性知识为基础。对集合隶属度进行定性评估的实证基础越强，则对将定距尺度指标的值作为集合隶属度的校准就越精确。

请注意，在表 5-4 中实施的定性分组是被构建的，它们大致利用已使用的相同标准来构建表 5-2 中所示的校准。也就是说，人均国民收入超过 20 000 美元的国家已经被充分编码进发达国家集合中，人均国民收入超过 5 000 美元的国家被编码为偏隶属等。通过保持在表 5-2 中使用的定性锚点，可以比较两种方法的结果。直接法利用关键阈值的精确设定，而间接法只需要对案例进行大致分类。

下一步是利用表 5-4 第 2 列和第 3 列中的两个系列来评估每个案例的预测定性编码，即以人均国民收入作为自变量，并将定性编码作为因变量。完成这个任务最好的技术是分段对数模型，通过分段多项式（fractional polynomial）回归程序在 Stata 软件中得以实现。㊀该分析得出的预测值在表 5-4 的第 4 列中。所记录的值基于对所有 136 个案例的分析，而非仅仅针对表中呈现的 24 个。实际上，预测值构成了基于人均国民收入（第 2 列）以及定性编码（第 3 列）的发达国家

㊀ 在 Stata 软件中，可以使用命令 fracpoly glm qualcode intervv, family（binomial）link（logit），然后用 predict fzpred 来执行此评估过程，其中 qualcode 是实施研究人员有关集合隶属六值编码的变量，如表 5-4 所示；intervv 是用于生成模糊隶属分数的定距尺度变量的名称；fzpred 是预测值，显示所得模糊隶属分数。我感谢史蒂夫·维西（Steve Vaisey）指出了这种估算技术的稳健性。

集合的模糊隶属的评估值。

表 5-2（直接法）第 6 列和表 5-4（间接法）第 4 列的集合隶属度之间的比较揭示出很大的相似性，但也有一些重要的差异。首先，表 5-2 忠实地执行 20 000 美元作为完全隶属于发达国家集合的阈值（0.95）。但是在表 5-4 中，阈值远低于新西兰的分数（13 680 美元)。其次要注意，间接法揭示了土耳其（0.397）和下一个案例玻利维亚（0.053）之间的巨大差距。然而使用直接法，这种差距要小得多——土耳其为 0.08，玻利维亚为 0.01。虽然使用了相同的一般标准，但这些差异源自第二种方法的间接性和其对回归估算的必然依赖性。尽管如此，如果研究人员缺乏直接法中使用的外部标准，那么表 5-2 和表 5-4 之间的比较便证实了间接法能得出有用的集合隶属分数。

使用已校准的测量

已经校准的测量有很多用途，在评估集合关系表达的理论时尤其有用。如第 1 章所示，尽管一些社会科学理论是用严格的数学式表示的，但绝大多数是口头的。反过来，言语理论完全是以集合关系的形式表示的（Ragin，2000，2006b)，社会学家对这一事实的认识却很缓慢。例如，思考一下“发达国家是民主国家”的命题。在诸如此类的许多命题中，主张基本是，先提到的集合（发达国家）中的个体构成了后提到的集合（民主国家）中的个体的一个**子集**（在英语中，普遍首先陈述子集，就像在“乌鸦是黑色的”这一命题中所示)。对大多数社会科学理论的仔细研究表明，其主要由描述集合关系的命题组成，如子集关系。反过来，这些集合关系可能涉及各种不同类型的实证联系——描述性、构成性或因果关系等。

如上所述，发达国家作为民主国家子集的这一集合关系与特定类型的因果论证相适应，即发展对民主而言是充分不必要条件。在这类论证中，如果原因（发展）存在，那么结果（民主）也应该存在。然而，没有原因（发展）只有结果（民主）的例子并不违反或破坏发展足以实现民主的论点（尽管这种情况大大地损坏了相关性)。相反，存在没有原因只有结果的例子，是因为存在产生该结果的替代路线或配方（例如，由境外殖民政权强加的民主形式的政府)。因此，当前因

条件的实例构成结果实例的子集时，研究人员可以声称原因是结果的充分不必要条件。[⊖]

在模糊集（Zadeh，1965，1972，2002；Lakoff，1973）出现之前，许多社会学家对集合关系的分析不屑一顾，因为这种分析需要使用分类尺度变量（即传统的二分或清晰集合），而这通常又需要将定距和定比尺度的二分化。例如，使用清晰集评估有关发达国家的集合论命题，研究人员可能需要利用人均国民收入将国家分为发达国家和非发达国家两类。这种做法经常受到批评，因为在二分化定距和定比变量时，研究人员可能会以增强证据与集合论断言一致性的方式来操纵断点。但是，如此处所证，校准集合中的隶属度，从而避免任意的二分法是可行的。

如第 2 章所述，模糊子集关系的建立是通过证明一个集合中的隶属度一致地小于或等于另一个集合中的隶属度来完成的。换句话说，如果每个案例，在集合 X 中的隶属度小于或等于在集合 Y 中的隶属度，则集合 X 是集合 Y 的子集。当然，社会科学数据很少完美无缺，必须为这些缺陷提供一些补偿。使用第 3 章中描述的简单公式可以评估实证证据与子集关系的一致性程度：

$$一致性\ (X_i \leqslant Y_i) = \sum[\min(X_i, Y_i)] / \sum(X_i)$$

其中，X_i 是案例在集合 X 中的隶属度，Y_i 是案例在集合 Y 中的隶属度，$X_i \leqslant Y_i$ 是所讨论的子集关系；min 指定选择两个分数中较低的一个。

作为示例，分析 136 个国家的所有数据（如表 5-2 中所校准的方式），考虑发达国家集合是民主国家集合的一致性。本次示例使用了政体指数（Polity IV）民主 / 专制测量方法，其分值范围为 −10 ～ +10。尽管这种方法存在诸多缺点，但由于其广受欢迎因而在此处使用。Goertz（2006）使用直接法对民主国家集合中的隶属度进行校准，如表 5-5 所示。对于校准中所包含的 136 个国家，其中 24 个国家的民主指数分值如表 5-5 的第 2 列所示。选择这些具体案例是为了提供一定范围的民主指数分值。第 3 列展示了与交叉点的偏差值（民主指数分值为 2）。第 4 列展示的标量，将民主指数偏差分数转换为民主国家集合中的隶属度对数概

⊖ 与往常一样，此类陈述不能简单地基于子集关系论证。研究人员在进行任何类型的因果主张时，应提供尽可能多的确凿证据。

率的标准。民主国家集合中的完全隶属阈值是 9 分，为高于交叉点的案例得出一个 3/7 的标量；民主国家集合中的完全不隶属阈值是 –3 分，为低于交叉点的案例得出的标量是 –3/–5。第 5 列展示了偏差分数和标量的乘积，而第 6 列使用前面描述的程序（参见关于表 5-2 的讨论），呈现了已经校准的隶属度。

表 5-5　对民主国家集合进行隶属度校准：直接法

国家	民主指数分值	交叉点偏差	标量	乘积	隶属度
挪威	10	8.00	0.43	3.43	0.97
美国	10	8.00	0.43	3.43	0.97
法国	9	7.00	0.43	3.00	0.95
韩国	8	6.00	0.43	2.57	0.93
哥伦比亚	7	5.00	0.43	2.14	0.89
克罗地亚	7	5.00	0.43	2.14	0.89
孟加拉国	6	4.00	0.43	1.71	0.85
厄瓜多尔	6	4.00	0.43	1.71	0.85
阿尔巴尼亚	5	3.00	0.43	1.29	0.78
亚美尼亚	5	3.00	0.43	1.29	0.78
尼日利亚	4	2.00	0.43	0.86	0.70
马来西亚	3	1.00	0.43	0.43	0.61
柬埔寨	2	0.00	0.60	0.00	0.50
坦桑尼亚	2	0.00	0.60	0.00	0.50
赞比亚	1	–1.00	0.60	–0.60	0.35
利比里亚	0	–2.00	0.60	–1.20	0.23
塔吉克斯坦	–1	–3.00	0.60	–1.80	0.14
约旦	–2	–4.00	0.60	–2.40	0.08
阿尔及利亚	–3	–5.00	0.60	–3.00	0.05
卢旺达	–4	–6.00	0.60	–3.60	0.03
冈比亚	–5	–7.00	0.60	–4.20	0.01
埃及	–6	–8.00	0.60	–4.80	0.01
阿塞拜疆	–7	–9.00	0.60	–5.40	0.00
不丹	–8	–10.00	0.60	–6.00	0.00

将上述集合论一致性的公式应用于所有 136 个国家中，证据与“发达国家集合构成民主国家集合的一个子集”这一论证的一致性是 0.99（1.0 表示完全一致）。同样，证据与“至少中等发达国家集合（如表 5-3 中所校准的）构成民主国家集合的一个子集”这一论证的一致性为 0.95。总之，两种子集关系都是高度一

致的，为这两个命题（“发达国家是民主国家”“至少中等发达国家是民主国家”）提供了充分的支撑。同样，这两种分析都支持这一论点：发展是民主的充分不必要条件。但是请注意，至少中等发达国家集合是一个更具包容性的集合，其平均隶属度高于发达国家集合，因此它对基本论点进行更严格的测试。前因条件的平均隶属度越高，满足表示子集关系的不等式（$X_i \leqslant Y_i$）就越困难。这两个公式的集合理论“覆盖度”也大不相同。**覆盖度**是衡量实证重要性或权重的标准（参见 Ragin，2006b 和本书第 3 章），它显示了由前因条件“覆盖”结果隶属度（在本例中，它表现为民主国家集合）总和的比例。发达国家对民主国家的覆盖度为 0.35，而至少中等发达国家对其覆盖度为 0.52，远远高于前者。这些结果表明，后者更好地阐释了民主国家集合的隶属度问题。因此，使用集合论方法可以证明，一个国家隶属于中等发达国家集合是其为民主国家的充分条件；隶属于发达国家集合是不需要的。

如第 1 章所述，利用相关性方法评估集合论论点是非常困难的。困难主要来源于以下三个方面。

1. 集合论命题是关于案例类别的命题，而相关性关注变量之间的关系。命题“发达国家是民主国家（即发达国家构成民主国家的一个子集）”针对的是案例类型，而非国家间某些维度上的变异。案例作为概念的实例直接遵循社会科学理论的集合论性质。相反，计算相关性的前提是对评估样本或总体中的变异维度如何很好地进行比较感兴趣，而非对案例集合本身感兴趣。进一步推演，数据集可能不包括任何发达国家或民主国家，但相关性研究人员仍然可以计算出发展程度与民主程度之间的相关性。然而请注意，该数据集对“发达国家是民主国家”这一论点的测试来说是完全不适用的，因为该数据集既不包含发达国家也不包含民主国家。

2. 相关性论断是完全对称的，而集合论论断几乎总是不对称的。如果有许多欠发达国家也是民主国家，那么发展与民主（将两者都视为传统变量）之间的相关性被削弱。然而，这些案例并不会削弱集合论的主张或削弱其一致性。我们所讨论的理论论证解决了发达国家的定性问题——即其为民主国家，但没有对欠发达国家与高度发达国家的民主程度的相对差异做出具体主张。这再次说明，集合论分析忠实于言语公式，这是典型的非对称，而相关性并非如此。

3. 相关性对研究人员实施的校准不敏感。从集合论的角度来看，表 5-2 和表 5-3 之间的对比是有意义的。表 5-3 中的集合更具有包容性，因而提供了一个关于发展与民主之间联系的更加严格的集合论测试。然而从相关性的角度来看，这两种发展方式的表述几乎没有区别。事实上，发达国家集合中的隶属度与至少中等发达国家集合中的隶属度之间的 Pearson 相关系数为 0.911。因此，从严格的相关性角度来看，这两个模糊集之间的差异很小。然而从集合论的角度来看，这两者之间的区别很大，因为从集合论出发，发达国家对民主国家的覆盖度只有 0.35，而至少中等发达国家对民主国家的覆盖度是 0.52。相关性对校准的不敏感性直接来源于以下事实：相关性在计算上依赖于偏差值，该偏差值来源于对归纳导出的样本特定的中心趋势的度量——均值。基于这个原因，相关性不能分析集合关系，相应地，相关性也不能用来评估因果充分性或必要性。

结论

本章论证了模糊集的威力以及校准对其卓有成效的使用的重要性。重要的是，它不仅能够评估“多与少”(未校准的测量)，而且能够评估“很多与很少”(已经校准的测量)。采用已经校准的测量使社会科学扎根于实质性知识，并提高社会科学研究成果与实际和政策问题的相关性。模糊集作为校准的载体特别有用。其提供的测量工具超出了社会科学的定量与定性的划分。

定量社会科学领域目前的做法削弱了对校准的关注。这些困难来源于对指标测量方法的依赖，该方法只需要在不同样本点之间进行变异，并视所有变异具有同等意义。相关性方法对指标方法的局限性进行复杂化和重新强化，前者对研究人员实施的校准不敏感。**对平均值偏差的依赖常常会抵消研究人员实施的任何直接校准的影响**。如果承认几乎所有的社会科学理论在本质上都是集合论，并且相关性方法不能评估集合关系，则会出现新的难题。

无论是大多数社会科学理论的集合论本质，还是集合论论证评估和集合校准，都没有得到当今社会学家的普遍认可。如果不仔细校准集合隶属度，进行集合论分析就是徒劳的。因此，研究人员需要忠实于他们的理论，这依赖于他们清晰地确定与其理论核心概念相对应的目标集，并指定可用于指导集合隶属校准的有用外部标准。

实用附录：使用 fsQCA 校准模糊集（直接法）

1. 在模糊集定性比较分析（fsQCA）中，创建或检索你的数据集。例如，你可能拥有包含相关定距或定比尺度数据的 SPSS 或 Excel 文件。将这些文件保存为逗号分隔或制表符分隔的文件，并在文件的第一行中保存简单的变量名称。确保缺少的数据是空白的，且没有指定特殊代码（如 –999）。

2. 使用 fsQCA 数据电子表格窗口中的数据，单击**变量**（Variable）菜单；然后点击**计算**（Compute）。

3. 在计算对话框中，命名目标模糊集。选择一个简单的名称（2 ～ 8 个字符），使用标准的字母、数字字符，不要使用空格、破折号或标点。

4. 在功能菜单中单击校准 calibrate（x，n_1，n_2，n_3），然后单击功能按钮旁边的向上箭头。接下来，对话框的表达式字段中将出现 calibrate (,,,)。

5. 编辑表达式以便 calibrate(,,,) 变成类似 calibrate(intvar, 25,10, 2) 的形式，其中 intvar 是文件中已存在的定距或定比尺度变量的名称，第一个数字是你为目标集的完全隶属阈值（模糊隶属分数 =0.95）选择的 intvar 值；第二个数字是你为交叉点（模糊隶属分数 =0.5）选择的 intvar 值，第三个数字是你为目标集的完全不隶属阈值（模糊隶属分数 =0.05）选择的 intvar 值。

6. 点击**确定**（OK），检查数据电子表格以确保它符合你的预期。可以使用下拉菜单对原始定距尺度变量进行升序或降序排列。点击某列中你想要排序的任何案例，再点击**案例**（Cases），然后按照**升序**（Sort Ascending）或**降序**（Sort Descending）进行排列。最后检查相应的模糊分数与定距或定比尺度变量，观察它们是否与你想要的方式一致。

PART 3

第三篇

条件组态与“自”变量

第6章 组态思维

组态思维是社会科学中许多分析形式的基础，本章描述了组态思维的主要特征。定性研究者尤其会思考组合和组态问题，因为他们对情境感兴趣并喜欢从整体上理解社会现象。在案例导向的研究中，研究者通常会根据可能的“前因配方”来考虑前因条件——相关前因条件组合起来而产生给定的结果。这种对前因条件组合的兴趣与聚焦事情“如何”发生相吻合。从配方的角度思考就是从整体性上思考，并将因果相关条件理解为推动力与事件的交集。

本章首先分析了案例研究中的组态思维，然后指出在研究中如何利用前因配方的思想去构建对单个案例的研究。在简要讨论传统定量研究在研究前因配方时存在的问题后，本章转向了用模糊集进行组态分析时的一个关键问题——如何评估案例在某一组态上的隶属度。评估组态中的隶属度是评估前因配方的基础。此外，本章还介绍了如何使用第3章中提出的集合论的一致性和覆盖度标准来比较“配方”并评估它们的相对解释力。

组态思维和案例导向的研究

案例研究作为社会科学研究最基本的形式之一，很明显地体现出组态思维对社会科学研究的中心作用。例如，假设一位研究人员认为，秘鲁经历了大规模抗议浪潮来反对由国际货币基金组织（International Monetary Fund，IMF）授权的紧缩计划，这是因为这些紧缩措施的严重性、贫困人口在城市贫民窟的高度集中、可感知的政府官员腐败，以及先前大量的政治动员和抗议。这种对紧缩抗议的解释引用了一些特定的条件组合，这些条件包括一些相对而言长期存在的条件（例如，城市贫民窟中穷人的聚集）和一些暂时性的条件（例如，IMF 规定的紧缩措施的严重程度）。这个解释具有配方的特征——在秘鲁的案例下，四个条件同时得到了满足，并共同解释了 20 世纪 80 年代 IMF 采取紧缩措施后抗议的爆发。

与几乎所有基于单个案例研究的论点一样，用来解释秘鲁引起紧缩抗议的前因条件组合的论点是一个**不对称**的论点，换言之，它是对紧缩抗议积极实例的解释，并不一定是对所有紧缩抗议的完整解释，也不是对紧缩抗议不存在的解释。相反，如果论证是以对称的方式呈现的，那么可以预期为了避免紧缩抗议，必须避免满足这个前因条件组合。但是紧缩抗议可能源于几种甚至很多的前因条件组合，避免秘鲁抗议形成的前因条件组合也许不会提供太多的保障。在集合论的语言中，从秘鲁的案例中观察到的紧缩抗议前因条件组合隶属于更大的紧缩抗议相关条件组合的集合。将所有的紧缩抗议看成一个集合，可能会有一些与产生秘鲁抗议的前因条件组合相同的案例，但可能会有很多案例显示出替代的前因条件组合。事实上，替代的前因条件组合（因此许多紧缩抗议的例子未能显示出与秘鲁相同的前因条件组合）并不会推翻将秘鲁的前因条件组合视为大规模紧缩抗议的充分（但不是必要）的条件组合。

以秘鲁的分析为前提，研究人员可以从两个主要的研究方向中的任一方面进行研究。第一个可能的方向是寻找其他的紧缩抗议案例，并检查它们在展现与秘鲁发现的四种前因条件相同的组合时的一致程度，也就是说，是否所有（或几乎所有）紧缩抗议实例都会显示这四个前因条件？这种策略采用了常见的定性研究中的**选择因变量**策略。这是一种普遍存在却错误地被定量研究人员所谴责的方法（King，Keohane，and Verba，1994）。第二个方向是尝试寻找具有与秘鲁相同的前因条件组合的其他实例，并检查这些案例是否也经历了紧缩抗议。实际上，在这种策略中研究人员将根据在自变量上的得分来选择案例。只不过，在这个例子中，自变量是一个满足四个主要条件的配方。第二种策略的目标是评估配方是否总是（或至少具有实质一致性）导致紧缩抗议。

这两种策略本质上都是集合论方法，并且符合第1章中描述的两种一般集合论方法（Ragin and Rihoux, 2004）。第一种策略是论证结果的实例（紧缩抗议）是否构成前因条件组合（即秘鲁的配方）的一个子集。这一论证旨在证明有关的前因条件是必要的。第二种策略是论证某一特定的前因条件组合（秘鲁的配方）是否构成结果实例的一个子集（紧缩抗议）。这个论证旨在证明前因条件组合是充分的。当然，这两种策略都可以使用。如果两种子集关系都得到确认，那么两个集合（秘鲁的配方的案例集合和紧缩抗议的案例集合）将会重合。虽然看似这两种策略共同构成了相关分析，但回想一下，当存在许多“0，0”实例——既缺乏前因配方又缺乏结果的情况时，相关性才是很强的。而目前的这两种研究策略都不以任何直接方式依赖于这种情况。

直接与案例、因果过程和因果机制相联系正是组态思维最重要的特征之一（Boswell and Brown，1999）。换言之，通常在组态分析中，因果论证和案例层面的分析之间存在直接的对应关系。如秘鲁紧缩抗议示例中一样，特定前因条件组合产生某种结果的论点不仅指向特定的案例，还指向这些案例的具体特征。此外，研究者引用的前因条件组合应该具有**内在的一致性**——这种组合作为前因配方应该是合理的。最终，因果关系只能在案例层面观察到；组合因果论证能够明确指导在实证案例中观察什么，并且往往也揭示了不同前因条件组合及其与结果之间的关系的特定因果机制。

组态和传统定量分析

在传统定量研究中，自变量被视为产生调查结果的一个个彼此分离的原因。通常，每个自变量被认为具有自主或独立的能力来影响因变量的水平、强度或概率。传统定量方法的大多数应用假设自变量的影响是**线性的和可加性的**，这意味着无论其他自变量的值如何，指定的自变量对因变量的影响都是相同的。净效应的估计假设无论其他自变量的值如何，也无论其他变量的组合如何，指定自变量的影响都是相同的（Ragin，2006a；本书第10章）。

为了估计指定自变量的净效应，研究人员通过从每个变量的效应估计中减去它与其他条件变量共同解释的因变量变异，来抵消竞争性前因条件的影响。这是净效应的核心含义——计算每个自变量对因变量变异的非重叠贡献。重叠程度是相关性的直接函数。一般来说，自变量与竞争性前因条件的相关性越大，净效应就越小。

在引用组合条件的论据时（例如，必须满足某种配方），通常的建议是研究人员将条件组合作为交互效应进行建模，并检验“交互项”在解释因变量变异上的增加贡献的显著性。当存在交互作用时，自变量（例如，IMF强制紧缩的严重程度）对因变量（如紧缩抗议强度）的影响大小取决于一个或多个其他的自变量（如政府官员的腐败程度）。例如，一位研究人员可能会提出，对腐败的感知可能会使实施严格财政紧缩措施所带来的社会和政治后果更具爆发性。

然而，正如我（1987）在其他相关出版物中详细解释的那样，为线性可加模型设计的估算技术在估计复杂的交互效应时常常有缺陷。数据要求本身就很重要，特别是当目标是估计更高阶的交互作用时（例如，构成秘鲁配方的四项相互作用）。此外，在乘积交互模型中，变量缺乏有意义的零点使得变量在运用中存在许多争议和困难（Allison，1977）。更通俗地讲，期望专门用于估计线性可加模型中自变量净效应的技术在评估前因“配方”方面做得很好是不现实的。况且还可能涉及多个配方存在的情况，就更加不可能了。

组态思维所带来的挑战是将前因条件看成产生结果的潜在合作者，而不是将其作为解释因变量变异的对手。关键问题不是哪个变量最强（即具有最大的净效应），而是不同的条件如何组合以及是否只有一个组合或几种不同的条件组合（前因配方）能够产生相同的结果。一旦确定这些条件组合后，就可以明确特定条件存在与不存在的环境。例如，一位研究人员可能会发现，国际货币基金组织严格的紧缩政策与感知到的政府腐败行为的组合，只会在有政治争议历史的国家发生严重的对国际货币基金组织的抗议。因此，当紧缩和腐败组合在一起时，有政治争议的历史会“产生”爆炸性后果。

评估组态中的隶属度

作为检验统计交互作用的替代方案，可以考虑把解决因果组态问题看成测量问题。换言之，不是使用在定量方法中推荐的方法，即在线性模型中检验交互效应从而替代可加效应，而是简单地计算在特定配方上的隶属度，即该配方出现在（即已被满足）相关案例中的程度。模糊集对于这个任务特别有用。

对于模糊集，一个案例隶属于某一条件组合的程度取决于其在构成条件中的最低分数（即最小隶属分数）。实际上，这种“最弱链”的观点认为，一个案例隶属于某一条件组合（或组态）的程度与其最弱条件的隶属度是一样的。模糊集通过使用模糊集交集而提供了一种直接的方式使这种测量策略可操作化（Ragin，2000：309-333）。所有相关的案例条件都以相同的方式进行校准，集合的隶属度范围为 0.0（完全不隶属）～ 1.0（完全隶属）。案例在组合集合（即组态）中的隶属度是由对其构成集合的隶属分数取最小值而得到的（参见第 2 章关于模糊集和模糊代数的基础知识的分析）。

例如，假设研究人员对不同国家展现秘鲁财政紧缩抗议的条件配方的程度感兴趣。这个配方的四个要素是：①严格的国际货币基金组织紧缩措施（A）；②城市贫民窟中穷人的集中（S）；③对政府腐败的感知（P）；④最近的政治动员和争论的历史（M）。一旦这些条件被校准为衡量集合中每个案例的隶属度的模糊集，就有可能使用这些模糊集来构造对包含这四个条件的案例隶属度的简单度量：

$$R_i = \min(A_i, S_i, P_i, M_i)$$

其中，R 是在配方（四个条件的组合）中的隶属度，min 表示选取四个模糊评分中的最小值，i 表示该公式单独应用于个案。

在使用模糊集计算不同国家隶属于这个配方的程度之后，研究人员可以评估案例展示出（或符合）这个配方的强度与其在结果中的隶属度之间的关系（在对国际货币基金组织进行大规模抗议的国家集合中的隶属度），也可作为一个模糊集进行运算。如果秘鲁的配方是几种可能的配方之一（因此是充分但不必要的），那么预计符合这个配方的案例应该构成大规模抗议案例的一个子集。这种关系在 Y 轴为紧缩抗议、X 轴为指定的前因配方的案例隶属度图中，显示为左上三角形。

比较前因配方

使用模糊集处理配方是非常灵活的，制定和比较竞争性配方是一件简单的事情。还可以将简单的条件组合和复杂的条件组合进行比较。例如，一位研究人员可能会认为对政府腐败的感知（P）不是大规模紧缩抗议配方中的一个必需的条件变量，并提出一个替代配方，从配方中省略这一条件。这个例子中简化的三条件配方是：

$$R_i = \min(A_i, S_i, M_i)$$

为了比较这两个配方，研究人员将测量两个配方中相关案例的隶属度，然后利用第3章中介绍的一致性和覆盖度来评估这两个配方与结果之间的集合关系。

这个例子是将四条件前因配方和三条件前因配方进行比较，其中三条件前因配方是四条件前因配方的简化，因此是比四条件前因配方更具包容性的条件组合。请注意，四条件前因配方中的隶属度是三条件前因配方中隶属度的一个子集。也就是说，每个案例在四条件前因配方中的隶属度必然小于或等于在三条件前因配方中的隶属度。理解这个数学性质的一个简单方法是认识到，在四种条件变量的情况下，由于多包含一个条件P（对政府腐败的感知），所以配方隶属度获得低分的机会更大。从集合论的观点来看，复合集合（当条件变量P被添加到A、S和M的组合中时）通过交集的方式产生子集（参见第2章）。

在这个例子中，秘鲁的配方只是对国际货币基金组织进行大规模抗议的几条途径之一。因此，秘鲁配方的隶属度应该是对国际货币基金组织的抗议隶属度的一个子集。因此，从集合论角度的分析如下：

1. 测量每个案例在四条件前因配方中的隶属度。
2. 测量每个案例在三条件前因配方中的隶属度。
3. 测量每个案例在对国际货币基金组织进行大规模抗议这一结果中的隶属度。
4. 评估四条件前因配方作为结果的一个子集的一致性。如果是一致的，再评估其覆盖度。
5. 评估三条件前因配方作为结果的一个子集的一致性。如果是一致的，再评估其覆盖度。
6. 比较两组结果。

正如第3章所指出的那样，一致性和覆盖度之间往往此消彼长。由于四条件前因配方中的隶属分数必须小于或等于三条件前因配方中的隶属分数，所以四条件前因配方的一致性通常将大于或等于三条件前因配方的一致性。[⊖]覆盖度则相反。因为三条件前因配方中的隶属分数肯定大于或等于四条件前因配方中的隶属分数，所以三条件前因配方的覆盖度通常将大于或等于四条件前因配方的覆盖度。

本节利用假设的数据将相关模式在图6-1和图6-2中展现了出来。图6-1显示了四条件前因配方与结果（对国际货币基金组织的抗议）的关系，以及相关的一致性和覆盖度。图6-2提供了三条件前因配方相同的信息。请注意，在图6-1中，大多数点始终高于对角线，少数几个点并不远低于对角线。因此，该图显示了高一致性，一致性分数为0.93，支持四条件前因配方中的隶属度是结果隶属度子集的论点，这反过来表明这个配方对结果变量的产生是充分的。这种相对较高一致性的案例还具有0.53的覆盖度。因此，四条件前因配方的结果覆盖范围很大，占结果中隶属度总和的一半以上。

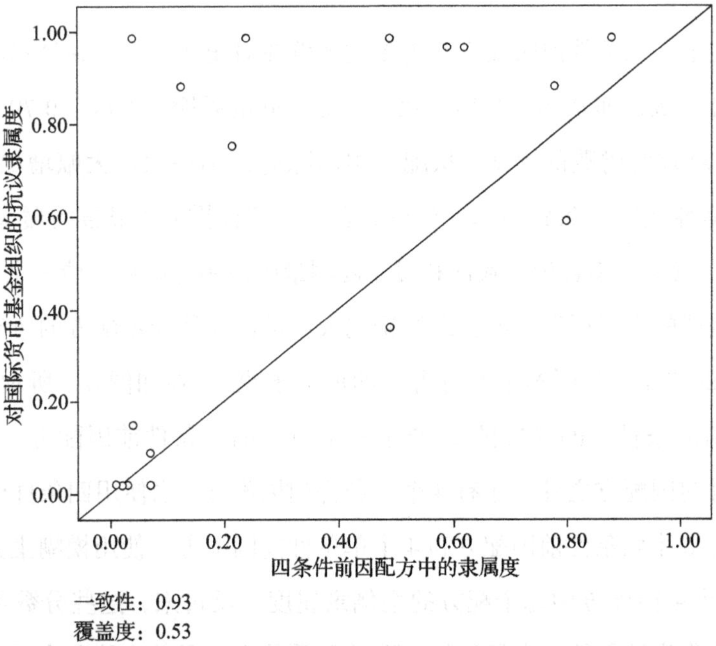

图6-1 对国际货币基金组织的抗议隶属度和四条件前因配方中的隶属度散点图

⊖ 有可能构建一个数据集，其中使用子集的简单配方的一致性大于更复杂配方的一致性，但这种情况在实际生活中是罕见的。

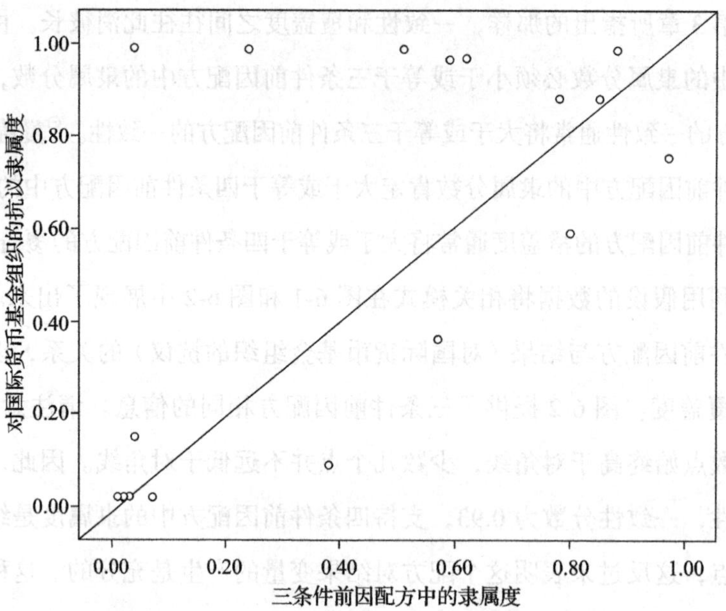

图 6-2　对国际货币基金组织的抗议隶属度和三条件前因配方中的隶属度散点图

相比之下，三条件前因配方有更多的案例在对角线之下，并且相应地具有较低的一致性分数，即 0.79。两项一致性分数之间的差距（0.93 – 0.79）表明，当将条件 P（对政府腐败的感知）从配方中删除时，不一致性大幅增加。相应地，这个接近临界线的一致性分数（0.79）表明，解读图 6-2 报告的覆盖度（0.66）是有风险的。（关于集合论一致性和覆盖度测量的使用与解释，请参见第 3 章。）

刚刚概述的程序可以扩展，以便研究人员可以评估给定配方的所有可能版本（即在配方的“完整”版本中所有可能的成分子集）。在如图 6-2 所示的例子中，只有一个前因条件（P）被删除，产生一个单一的三条件前因配方。总而言之，除了四条件前因配方之外，还有 4 个三条件前因配方（当使用四条件前因配方作为起点时）、6 个两条件前因配方和 4 个单条件前因配方。使用模糊集方法，可以评估这 15 个可能配方中每个配方的案例隶属度，反过来，这些分数可以用来评估每个配方作为结果的一个子集的一致性和覆盖度。通过这种方式，研究人员可以将给定配方的较简单版本与更复杂的版本进行比较。**如果更简单的配方与更复杂配方的一致性相差不大，但简单的配方具有更大的覆盖度，那么简单的配方更**

合适。作为这种类型分析的一个例子，假设对15个配方的评估表明，两条件前因配方的隶属度，例如严格的国际货币基金组织紧缩措施（A）与对政府腐败的感知（P）形成了结果一致的子集，即一致性评分为0.90，覆盖度为0.71。研究人员可能更喜欢对原始的四条件前因配方进行更简洁的解释。尽管牺牲了小部分的理论一致性（四条件前因配方的一致性为0.93，而两条件前因配方的一致性为0.90），但理论覆盖度明显提高（两条件前因配方的覆盖度为0.71，而四条件前因配方的覆盖度为0.53）。覆盖度为0.71表明，两条件前因配方能够解释结果中隶属分数总和的71%。

尽管如此，重要的是要避免过度追求简约解。考虑以下结果：四条件前因配方的一致性评分为0.93，覆盖度为0.80，而三条件前因配方（使用上述配方的4个条件中的3个）仅有稍微的不同，一致性为0.91，覆盖度为0.81。换句话说，这些集合论中两种配方之间的差异实质上是微不足道的。基于科学的分析更倾向于选择更简约的三条件前因配方。但考虑一个事实，从组态的角度来看，四条件前因配方可能更有意义。也就是说，当用它作为理解案例的指南时，四条件前因配方可能提供更完整的解释，更好地与观察到的因果过程相连，并为理解因果机制提供更好的基础。简而言之，如果一个更复杂的解释与一个更简洁的解释分数大致相同，那么基于实际和理论基础更复杂的解释可能优于更简洁的解释。

毫无疑问，一些读者渴望在这一点上进行一些概率测试，尤其是应用于一致性测量。因为一致性是一个比例，所以这些概率测试可以很容易地应用。如《模糊集社会科学》（Ragin，2000）中所述，可以在计算一致性之前设置基准一致性分数和α水平，然后找出哪些组态观察到的一致性分数明显大于基准值，并将这些案例纳入研究。使用0.05的α水平和50的频数，一致性为0.93明显高于0.75的基准得分吗？这类问题很容易得到答案。还可以确定一个观察到的一致性分数在给定频数和给定α值的条件下，是否明显大于另一个观察到的一致性度。同样的测试可以应用于两个观察到的覆盖度，同样也是一个比例值。集合论分析和概率分析结合是有益的，鼓励其他人探索这种可能性。然而，这里的重点是对一致性和覆盖度的描述性理解。

最后，必须再次强调，任何配方的真实测试都是如何与案例信息产生共鸣。

任何集合论分析的一个重要部分是回归案例。正如一开始就指出的那样，总体上的组态推理和具体的前因配方的概念促进了**案例间分析和案例内分析**之间的对话，这对于回归案例至关重要。当形成前因配方（而不是自变量的净效应）时，分析的发现与实证案例之间的联系就会大大加强。

实用附录：如何评估前因配方

有时候，研究人员会考虑一个特定的配方，或者想要比较一些不同的配方，以了解它们的理论一致性和覆盖度。使用模糊集定性比较分析（fsQCA），步骤如下：

1. 定义配方。在通常情况下，配方是条件的特定组合，第一个目标是评估每个案例与这种特定组合的一致性。例如，研究人员可能会指定一个结合四个条件（成分）的前因配方。

2. 确定配方中每个条件下每个案例的隶属度，将每个条件构思为模糊集。如有必要，请使用第 5 章中详述的程序将定距和定比尺度变量转换为经过良好校准的模糊集。

3. 计算配方中每个案例的隶属度。为此，首先将你的数据集（带有校准好的模糊集）导入 fsQCA。使用数据电子表格窗口中的数据集，单击**变量**（Variables），然后单击**计算**（Compute），会出现**计算变量**（Compute Variable）对话框。命名目标模糊集。使用标准字母、数字字符并且不使用空格、破折号或标点符号（如“recipe1”），选择一个简单名称（2～8 个字符）。

4. 在功能菜单中单击 fuzzyand (x，...，)，然后单击 Functions 旁边的向上箭头。接下来，fuzzyand() 将出现在对话框的表达式字段中。模糊和 fuzzyand 函数执行模糊集交集，这意味着它从括号内列出的模糊集中为每种情况选择最低隶属度。在模糊集交集的情况下，案例显示给定的前因配方的隶属度与其条件中最低的隶属度是一样的。

5. 编辑表达式，以使 fuzzyand() 变得类似于 fuzzyand (fvar1，fvar2，fvar3，

fvar4)，其中 fvar1 到 fvar4 是构成配方的条件的变量名称（在本例中，有四种成分)，在现有数据文件中使用模糊集变量名称。点击**确定**（OK)。

6. 检查数据电子表格以确保它按照你的预期生成。可以使用下拉菜单以降序或升序，从而对新计算的配方中的隶属度进行分类。点击要排序的列中的任意个案，再点击**案例**（Cases)，然后**按升序排序或按降序排序**。

7. 评估刚刚计算出的配方与模糊集结果之间的集合关系的简单方法是使用 XY 绘图程序。在数据电子表格窗口中，单击 Graphs，再单击 Fuzzy，然后单击 XY Plot。单击相邻的向下箭头，然后单击选择 X 轴和 Y 轴上的变量。对于 Y 轴，单击结果中隶属度的模糊集。对于 X 轴，单击前因配方中的隶属度。指定一个可选 Case Id Variable，以便可以识别出位于图中特定点上的案例。

8. 点击 Plot。如果期望配方的隶属度是充分的，但对于结果的隶属度不是必要的，那么这些点应该在图的主对角线或其上方。图左上角的方框中显示的数字是该图与子集关系（$X_i \leqslant Y_i$）的一致性程度。图右下角的方框中显示的数字是指定配方对结果的集合理论覆盖度（参见第 3 章)。

第7章 使用模糊集和真值表进行组态分析

CHAPTER7

组态思维的一个特别有用的方面是它关注因果复杂性。因果复杂性被定义为这样一种情况，在这种情况下，某个给定的结果可能来自几种不同的前因条件组合——来自不同的前因“配方”。例如，如第6章所述，研究人员可能有充分的理由认为，有几种不同的配方会导致对国际货币基金组织采取紧缩措施的大规模抗议。通过检验具有不同相关条件组合的案例的结果，有可能识别出决定性的配方，从而解释因果关系的复杂性。

正如第1章所述（Ragin，1987，2000），对因果复杂性进行系统分析的关键工具是“真值表”。清晰集真值表列出了二分类前因条件在逻辑上可能的组合（例如，存在/不存在严格的国际货币基金组织紧缩措施，在城市贫民窟中存在/不存在高度集中的贫民，存在/不存在政府官员的腐败行为，以及存在/不存在大量的政治动员和斗争），以及对应某一前因条件组合的案例显示的结果（例如，紧缩抗议是否在每个条件组合的案例中一致地存在）。使用这种四条件前因配方的真值表将有16行，每一行都是前因条件逻辑上可能的组合。在更复杂的真值表中，行（每行表示前因条件的不同组合）可能很多，因为前因条件组合的数量是前因条件数量的指数函数（组合数量 = 2^k，其中 k 是前因条件的数量）。实际上，一个清晰集真值表将 k 个存在 / 不存在前因条件转换为 2^k 个组合，如表 1-4 所示。

处理因果复杂性的真值表方法比第 6 章中描述的要严格得多。第 6 章中的关注点是针对一个给定的因果关系式，并且该配方的各种简化版本可以从最初的配方条件的子集中构建而成。相比之下，真值表方法是基于研究者指定的前因条件的所有逻辑上可能的组合，其通常包括从不同的角度和不同的配方中得出的条件。此外，真值表方法并不只是考虑给定条件集（条件存在或不相关）的不同子集，而是考虑条件存在 / 不存在时所有逻辑上可能的条件组合。因此，真值表方法允许在给定条件（例如，在紧缩抗议的例子中，对腐败的感知）存在与不存在（而不是不相关）时，不同前因配方运作的可能性。例如，紧缩抗议的一个配方可能需要腐败感知不存在——也就是说，政府官员被认为是不腐败的。检验前因条件所有逻辑上可能的组合使得可以构建类似实验中的对比设计（其中一次只允许一个前因条件变化），从而对相关前因条件的影响进行全面分析。实际上，每个条件的影响都在所有逻辑上可能的情况下得到了检验（条件的 2^k 个组合）。

真值表构造的目标是明确前因条件组合和结果之间的显式关系。使用真值表，可以评估所有逻辑上可能的存在 / 不存在条件组合（2^k 个前因条件组合）的充分性，这些组合可以由给定的 k 个前因条件构建而成。然后，通过充分性检验的组合**以自下而上的方式在逻辑上进行简化**。例如，在分析与对国际货币基金组织的大规模抗议有关的条件时，如果四个条件都存在的案例都出现紧缩抗议，并且四个条件中有三个条件存在（有一个条件缺失）的案例也都经历抗议，那么研究人员可以得出这样的结论：在这两种组合之间变化的前因条件是不相关的（读者若对用于简化真值表的特定程序感兴趣，可以参考 Ragin，1987，2000）。

真值表也产生了对案例的了解过程以及对案例进行普适性总结的准则。例如，假设根据秘鲁案例得出的结论（见第 6 章）而构建的紧缩抗议的真值表，揭示了秘鲁组态中相当大的不一致，即假设行内有几个除秘鲁之外的案例，未能展示紧缩抗议。研究结果的不一致表明研究者需要更深入的案例研究。例如，通过比较这一行中紧缩抗议不存在的案例与抗议活动存在的案例，可能会详细阐述配方。假设这一比较显示，紧缩抗议不存在的案例都有广泛的镇压能力和严厉政治镇压的历史，则这种条件（缺乏广泛的镇压能力）可以被添加到配方中，并且可以用五个前因条件相应地重新表述真值表。请注意，根据仅了解秘鲁案例的情况，很难知道这一因素（缺乏广泛的镇压能力）是配方的重要组成部分，因为假设了这一因素在秘鲁及类似秘鲁的案例中是不存在的。**这一点更加凸显了比较分析的价值，因为在仅研究积极结果的案例时，往往很难识别必须缺失的前因成分。**

模糊集和真值表

本章在模糊集、组态和真值表分析之间建立了桥梁，展示了如何利用模糊集数据构建传统的布尔代数真值表，然后如何使用它来解释因果复杂性。这种技术充分利用了集合隶属的渐进变化来构建模糊集合，而不是基于模糊隶属分数的二分类化。为了说明这些程序，本章使用 Paul Nieuwbeerta 编写的《先进工业社会》中的阶级投票数据（参见 Nieuwbeerta，1995；Nieuwbeerta and De Graaf，1999；Nieuwbeerta and Ultee，1999；Nieuwbeerta，De Graaf and Ultee，2000），相同的数据集在第 2 章中介绍过。这个简单的数据集如表 7-1 所示。关注的结果是先进的工业民主国家拥有较弱的阶级投票（W）的隶属度，前因条件分别是高度富裕国家（A）的隶属度、严重收入不平等的国家（I）的隶属度、具有大量制造业从业者的国家（M）的隶属度，以及具有强大工会的国家（U）的隶属度。模糊集分数反映了这些国家在 20 世纪下半叶的一般特征。

表 7-1　先进工业社会阶级投票的模糊集数据

国家	弱阶级投票（W）	高度富裕（A）	收入不平等（I）	高制造业从业人数（M）	强大工会（U）
澳大利亚	0.6	0.8	0.6	0.4	0.6
比利时	0.6	0.6	0.2	0.2	0.8
丹麦	0.2	0.6	0.4	0.2	0.8
法国	0.8	0.6	0.8	0.2	0.2

（续）

国家	弱阶级投票（W）	高度富裕（A）	收入不平等（I）	高制造业从业人数（M）	强大工会（U）
德国	0.6	0.6	0.8	0.4	0.4
爱尔兰	0.8	0.2	0.6	0.8	0.8
意大利	0.6	0.4	0.8	0.2	0.6
荷兰	0.8	0.6	0.4	0.2	0.4
挪威	0.2	0.6	0.4	0.6	0.8
瑞典	0.0	0.8	0.4	0.8	1.0
英国	0.4	0.6	0.6	0.8	0.6
美国	1.0	1.0	0.8	0.4	0.2

需要特别指出的是，本章介绍的分析方法提供了分析模糊集数据的新方法。这种新方法在几个方面都优于《模糊集社会科学》（Ragin，2000）中介绍的模糊集分析方法。两种方法各有优缺点，但本章介绍的方法使用了真值表作为关键的分析工具。真值表分析的另一个优势是更加透明，因此研究者对于数据分析过程具有更多直接的控制，这种控制是案例导向研究的核心。

衔接模糊集分析与真值表需要具有三个主要支柱。第一个支柱是真值表的行与模糊集前因条件定义的向量空间的角之间存在的**直接对应关系**（Ragin，2000）。第二个支柱是评估在前因条件的不同逻辑可能组合上**案例的分布情况**（即由模糊集前因条件定义的向量空间扇形区域上的案例分布）。第三个支柱是评估每个前因条件组合构成**结果子集证据的一致性**。如第1章所述，子集关系很重要，因为它表示前因条件组合与结果之间存在的显式关系。一旦具有了这三个支柱，就有可能构建一个总结模糊集关系分析结果的真值表，然后分析这个真值表。实际上，真值表的分析综合了多重模糊集分析的结果。

向量空间角与真值表行的对应关系

由模糊集前因条件构成的多维向量空间具有 2^k 个角，正如清晰集真值表具有 2^k 行（其中 k 是前因条件的个数）。在前因条件组合中，真值表行和向量空间角之间存在直接对应关系（Ragin，2000）。例如，一个简单的具有两个清晰集前因条件的真值表有四行：00, 01, 10 和 11；由两个模糊集前因条件形成的向量空间具有四个角：(0, 0), (0, 1), (1, 0) 和 (1, 1)。在清晰集分析中，根据前因条件存在 / 不存在的具体组合，将案例分类到真值表行中。因此，每个案例被分配到唯一的行，并且每一行都是研究案例的唯一一个子集。但是，对于模糊集，案例在向量空间的不同角上可能具有不同程度的隶属度，因此在相应的真值表行中会有不同程度的隶属度。在模糊集合向量空间给定角中案例的隶属度由它本身的隶属分数决定。比如，在集合 B 中隶属度为 0.7、在集合 C 中隶属度为 0.9 的案例，在由这两个模糊集合形成的向量空间的（1，1）角（B · C）中的隶属度为 0.7（0.7 和 0.9 的最小值是 0.7）。同样的情况在向量空间的（0，0）角（～B · ～C）中的隶属度为 0.1[⊖]，其中“～”表示模糊集非运算，这对应于清晰集中的不存在，以及“·”表示集合交集（逻辑与）。

尽管模糊集具有这种特征，但真值表仍可用于辅助模糊集分析。具体而言，研究人员可以使用真值表行作为向量空间角的说明，并使用真值表来总结关于由每个角表示的前因条件组合的特性的论断。例如，研究人员可能会计算向量空间的～A · ～I · M · U 角的隶属度（高度富裕的低隶属，严重收入不平等中的低隶属，大量制造业从业者中的高隶属以及在强大工会中拥有较高的隶属度），并评估向量空间这个角的隶属度是不是结果隶属度的一致性子集（弱阶级投票 W）（关于计算组合条件中的隶属度，请参照第 2 章和第 6 章）。然后研究人员将使用第 3 章中描述的技术来评估模糊子集关系，**并使用本评估中所有案例的隶属度，而不仅仅是那些隶属度很高的案例**。如果向量空间的这个角（对应于前因条件的 16 个组合之一）中的隶属度一直小于或等于所有案例在结果中的隶属度，那么研究人员可以得出结论：前因条件组合是结果的一个子集。然后研究人员会将关于此评估结果的信息附加到与向量空间相关角对应的真值表行中。这样，整个真值表可以用来总结 2^k 个模糊集分析的结果。

因此，在将模糊集合转换为真值表时，真值表表示由模糊集前因条件形成的向量空间角。每个向量空间角的两条信息特别重要：①每个向量空间角（即每个

⊖ 这种案例的隶属度为～B · ～C = min（～B，～C）= min（1 − 0.7, 1 − 0.9）= min（0.3, 0.1）= 0.1。有关模糊集的基本操作的讨论，请参阅第 1 章。

前因条件组合）中高隶属度的案例数量；②能够证明角的隶属度是结果隶属度的一个子集的一致性实证证据。

案例在前因条件组合中的分布

当前因条件以清晰集表示时，对前因条件组合的案例分布很容易进行评估，因为利用这些数据构造真值表并检查案例被清晰地分类到每一行是很简单的。然而，当前因条件是模糊集时，这种分析不那么直接，因为每个案例在每个真值表行（即向量空间的每个角）中都可能具有部分隶属。尽管如此，评估案例隶属分数在前因条件组合中的分布仍然非常重要，因为一些前因条件组合可能在实证上微不足道。换句话说，如果大多数案例在某一组合上的隶属分数都很低或为零，那么评估该组合与结果的联系就毫无意义。这种评估的实证基础太弱，无法保证。向量空间的某些角可能会有很多隶属度高的案例，其他角几乎没有案例隶属。在从模糊集构造真值表时，考虑到这些差异是很重要的。

表 7-2 显示了表 7-1 中的四个前因条件的 16 种逻辑可能组合及 12 个国家的隶属分数分布。本表中的小写字母表示条件的非运算（a = ～A）。本质上，该表列出了由四个模糊集形成的四维向量空间的 16 个角，并显示了每个角中每个案例的隶属度。这个表格证明了模糊集合交集的一个重要性质，即在由给定的一组前因条件形成的逻辑上可能的组合中，**每个案例（最多）只有一个的隶属分数大于 0.5**。[㊀]在前因条件组合上大于 0.5 的隶属分数表示案例偏隶属于该前因条件组合。**大于 0.5 的隶属分数还揭示了给定案例更接近多维向量空间的角**。模糊集的这个性质使得研究者可以根据它们的隶属度来确定向量空间的每个角附近有多少个案例。表 7-2 的最后一行显示了每个角大于 0.5 隶属分数的案例数量。

㊀ 请注意，如果案例在前因条件中的隶属度为 0.5，那么其在包含该条件的任何前因条件组合中的最大隶属度仅为 0.5。因此，在前因条件中隶属度为 0.5 的任何案例都不会与由前因条件定义的向量空间的任何单个角“最接近”。因此，如果可能的话，在评估前因条件的隶属度时，最好避免使用 0.5 的隶属度（其表示最大的模糊性）。

表 7-2　评估前因条件组合下的案例分布

国家	a·i·m·u	a·i·m·U	a·i·M·u	a·i·M·U	a·I·m·u	a·I·m·U	a·I·M·u	a·I·M·U	A·i·m·u	A·i·m·U	A·i·M·u	A·i·M·U	A·I·m·u	A·I·m·U	A·I·M·u	A·I·M·U
澳大利亚	0.200	0.200	0.200	0.200	0.200	0.200	0.200	0.200	0.400	0.400	0.400	0.400	0.400	0.600	0.400	0.400
比利时	0.200	0.400	0.200	0.200	0.200	0.200	0.200	0.200	0.200	0.600	0.200	0.200	0.200	0.200	0.200	0.200
丹麦	0.200	0.400	0.200	0.200	0.200	0.400	0.200	0.200	0.200	0.600	0.200	0.200	0.200	0.400	0.200	0.200
法国	0.200	0.200	0.200	0.200	0.400	0.200	0.200	0.200	0.200	0.200	0.200	0.200	0.600	0.200	0.200	0.200
德国	0.200	0.200	0.200	0.200	0.400	0.400	0.400	0.400	0.200	0.200	0.200	0.200	0.600	0.400	0.400	0.400
爱尔兰	0.200	0.200	0.400	0.400	0.200	0.200	0.400	0.600	0.200	0.200	0.200	0.200	0.200	0.200	0.200	0.200
意大利	0.200	0.200	0.200	0.200	0.400	0.600	0.200	0.200	0.200	0.200	0.200	0.200	0.400	0.400	0.200	0.200
荷兰	0.400	0.400	0.200	0.200	0.400	0.400	0.200	0.200	0.600	0.400	0.200	0.200	0.400	0.400	0.200	0.200
挪威	0.200	0.400	0.200	0.400	0.200	0.400	0.200	0.400	0.200	0.400	0.200	0.600	0.200	0.400	0.200	0.400
瑞典	0.000	0.200	0.000	0.200	0.000	0.200	0.000	0.200	0.000	0.200	0.000	0.600	0.000	0.200	0.000	0.400
英国	0.200	0.200	0.400	0.400	0.200	0.200	0.400	0.400	0.200	0.200	0.400	0.400	0.200	0.200	0.400	0.600
美国	0.000	0.000	0.000	0.000	0.000	0.000	0.000	0.000	0.200	0.200	0.200	0.200	0.600	0.200	0.400	0.200
大于 0.5 隶属分数的案例数量	0	0	0	0	0	1	0	1	1	2	0	2	3	1	0	1

这一阶段分析的关键任务是确定案例频数阈值，也就是根据每个条件组合中隶属分数大于0.5的案例数量，制定一个规则来确定哪些条件组合是相关的，其他条件组合是逻辑余项。（模糊集定性比较分析中的逻辑余项行是缺乏实证案例的逻辑上可能的条件组合——可能是因为研究人员对此类案例的信息不足或者案例根本不存在。）研究者制定的规则必须反映证据的实质和研究的特点。**需要重点考虑的因素包括总案例数量、前因条件的数量、研究人员对每个案例的熟悉程度、模糊集校准中可能的精准程度、测量和赋值误差的程度、研究人员对结果模式（粗糙还是精细程度）的兴趣等**。本演示中使用的数据集由12个案例和16种逻辑上可能的条件组合组成。在这种情况下，合理的频数阈值是1。因此，没有一个案例的隶属分数大于0.5的8个条件组合在后面的分析中被视为逻辑余项，因为这些组合中没有任何强有力的实证案例。至少有一个案例的隶属分数大于0.5的前因条件组合被保留以供进一步检查[㊀]。

当分析中包含的案例总数很大时（例如有数百个案例），建立相关的有效前因条件组合的频数阈值很重要。在这样的分析中，可能由于测量或编码误差，一些角有几个案例的隶属分数大于0.5。因此，将低频数前因条件组合视为完全缺乏强有力的实证案例（即频率为0的那些案例）的做法是明智的。当研究案例总数很大时，问题不在于哪些组合有实例（即至少有一个案例的隶属度大于0.5），而是哪些组合具有足够的实例来保证评估它们与结果的子集关系的合理性。例如，研究人员可能会使用至少有10个案例的隶属度大于0.5的频数阈值。

评估模糊子集关系的一致性

一旦根据前因条件组合的案例分布确定了实证上相关的前因条件组合，下一步就是评估每个组合与所讨论的集合理论关系的一致性。哪些前因条件组合是结果的子集？什么样的前因条件组合与结果的高隶属度相关联？第3章详细描述了用于评估前因条件组合与结果之间联系的集合理论一致性测量。公式是：

$$一致性\ (X_i \leqslant Y_i) = \sum[\min(X_i,\ Y_i)] / \sum(X_i)$$

㊀ 逻辑余项的处理是QCA中非常重要的问题。这个问题在第8章和第9章中重点讨论。

其中，min 表示选择两个值中较小的一个；X_i 是在前因条件组合中的隶属分数；Y_i 是在结果中的隶属分数（另见 Kosko，1993；Smithson and Verkuilen，2006）。当 X_i 值均小于或等于其对应的 Y_i 值时，一致性分数为 1.00；当只有少数 X_i 略微大于 Y_i 时，一致性分数略低于 1.00；当存在许多不一致的分数，且一些 X_i 值显著超过其相应的 Y_i 值时，一致性分数降至 0.50 以下。

表 7-3 显示了 8 种相关前因条件组合（组合必须至少有一个案例的隶属分数大于 0.5）是结果（弱阶级投票）的子集的一致性程度，其中所有 12 个国家被包括在每个一致性评估范围内。表中报告的一致性分数是根据上面提出的集合理论一致性公式算出来的。为了便于解释，前因条件组合按照其一致性分数按降序排列。表 7-3 实际上提供了关于该分析中使用的四个模糊集前因条件定义的向量空间角的总结性陈述。每一行都基本回答了这个问题：在这个向量空间角上的隶属度是否是结果隶属的一致性子集？因此，对表 7-3 中证据的分析是关于向量空间角论断的逻辑综合。

表 7-3　用模糊子集关系评估前因组合的一致性

高度富裕	收入不平等	高制造企业从业人数	强大工会	一致性	结果
1	0	0	0	1.00	1
1	1	0	0	1.00	1
0	1	1	1	0.87	0
1	1	0	1	0.84	0
0	1	0	1	0.82	0
1	0	0	1	0.79	0
1	1	1	1	0.78	0
1	0	1	1	0.72	0

真值表分析

只需要一小步就可以把类似于表 7-3 的表转换为真值表，以适用于 fsQCA 的 Quine 分析程序。需要做出的关键决定是，一致性分数的临界值用于区分哪些组合通过了模糊集合理论的一致性检验，哪些没有通过。一致性分数超过临界值的前因条件组合被指定为结果的模糊子集并编码为 1，低于临界值的组合不构成模糊子集，编码为 0。[⊖]实际上，构成结果的模糊子集的前因条件组合描述的是结果一致性被发现的那类案例（例如，具有弱阶级投票的某类国家）。简单地检查表 7-3 中的一致性分数，显示出在第二高的一致性和第三高的一致性间存在实质性的差距；子集关系的一致性分数从 1.00（完美一致性）降至 0.87。如表 7-3 的最后一列所示，这个实质性差距提供了简单的依据来区分是不是一致性的前因条件组合。然而，在这种类型的大多数分析中设定的一致性小于 1.0，因为完美的集合一致性在模糊集数据中并不常见。

我（2000）演示了如何将概率准则纳入子集关系的一致性评估中，并且可以修改这些相同的准则用于此处。概率测试需要基准值（例如，一致性设定为 0.75）和 α（例如，显著性为 0.5）。为了尽可能地与证据保持密切联系，简单地按照降序排列一致性评分是有用的，如表 7-3 所示，并观察在一致性评分的高范围内是否出现实质性差距。由于表 7-3 中第 3 行和第 4 行之间的巨大差距，很明显使用概率准则来帮助选择临界值将会混淆结果。一般来说，临界值不应小于 0.75；建议临界值≥ 0.85，特别是对于宏观数据。虽然一致性的测量范围可以为 0.0 ～ 1.0，但是 0.0 ～ 0.75 之间的分数表明存在实质的不一致性。

这些程序产生的真值表包含在表 7-3 中。前四列显示了前因条件的编码；最后一列显示每个真值表行（向量空间角）附带的清晰集结果（一致性与不一致性）。表 7-3 中未列出前因条件组合的 8 个逻辑余项。在这个真值表的分析中，逻辑余项被定义为假（即不允许简化假设），结果显示：

$$A \cdot \sim M \cdot \sim U \leqslant W$$

其中，W 代表在弱阶级投票的国家集合中的隶属度，A 代表富裕国家，M 代表高制造业从业人数，U 代表强大工会，～表示模糊集非运算，≤表示子集关系。该解的集合一致性为 1.0；其对结果（弱阶级投票）的覆盖度为 0.636（见第 3 章）。结果表明，弱阶级投票（W）发生在那些富裕的、制造业从业人数低、缺少强大工会的国家中。对表 7-1 的检查表明，这种条件组合的最佳实例是美国、法国、德国和荷兰。

⊖ 不符合研究者设定的频数阈值的行（基于隶属度大于 0.5 的案例数）被视为逻辑余项行。将这些行指定为逻辑余项是有道理的，理由是与这些组合相关的经验证据不足以评估集合论的一致性。

当使用 8 个逻辑余项的简化假设（由 fsQCA 运算）时，会得到更简洁的解（另见图 2-1）：

$$\sim U \leqslant W$$

根据这些结果，弱阶级投票有单一来源，即非强大工会（～U）。该解的集合一致性为 1.0，其覆盖度为 0.727。如表 7-1 所示，在强大工会中隶属度最低的国家是美国和法国。这个真值表的解取决于六个简化的假设（参见 Ragin，1987，2000 和本书第 9 章），它描述了未观察到的前因条件组合。这六个假设来自缺乏强大经验实例的前因条件的八种组合（即那些缺乏隶属分数大于 0.5 的案例，如表 7.2 的最后一行所示）[㊀]。

此时，需要指出一个模糊集的属性，它们与清晰集有很大的区别。简而言之，对于模糊集，前因条件或前因条件组合**同时是结果存在**（例如，弱阶级投票）**和结果不存在**（例如，非弱阶级投票）的子集。这个结果在数理上是可能的，因为前因条件或前因条件组合的隶属度（例如，隶属度为 0.3）可以既小于结果存在的隶属度（例如，隶属度为 0.6）也小于结果不存在的隶属度（1.0 － 0.6 = 0.4）。**前因条件或前因条件组合的隶属度同时超出结果存在与不存在的隶属度也是有可能的**（例如，前因条件组合的隶属度 = 0.8，结果存在的隶属度 = 0.7；结果不存在的隶属度 = 0.3）。重要的一点是，对于模糊集而言，数学上不能推导出结果不存在的充分一致性与结果存在的充分一致性完全负相关，虽然它们在清晰集分析中是那样。模糊集的这种性质为分析结果（如弱阶级投票）和非集结果（如非弱阶级投票）的不存在提供了理由。分别进行这两种分析，可以分析出结果的前因条件和结果非集的前因条件之间的不对称性[㊁]。

从相关方法的角度来看，集合论分析的这个性质是令人困惑的。然而，从社会理论的角度来看却很好理解。考虑使用上述简化假设的解。这一分析表明，在非强大工会的国家中存在持续低水平的阶级投票。实际上，这种分析揭示了阶级投票的主要障碍。关于哪些条件妨碍阶级投票的问题与哪些条件产生阶级投票的

㊀ Ragin 和 Sonnett（2004；另见本书第 8 章和第 9 章）演示了如何使用这两种解进行反事实分析。第一种解最大化复杂性；第二个最大化简约性。第 8 章和第 9 章描述了理论和实质性知识如何用于在简约性和复杂性之间传播各种中间路径。

㊁ 单独分析结果存在与不存在也是使用清晰集 QCA 的标准做法。

问题并不相同（另请参阅 Lieberson 在 1985 年进行的关于社会因果关系的不对称性研究）。这两个问题的答案可能很不一样。因此，**集合论分析的不对称性与不对称因果关系的理论预期相吻合**。

为什么不简单地二分类化模糊集

如刚刚描述的那样，利用模糊集数据构建真值表在认知层面比较复杂。它涉及两项评估：①评估前因条件组合的案例分布情况；②评估每个前因条件组合与子集关系对结果的一致性程度。此外，两项评估都涉及选择临界值，这看起来可能是任意的[⊖]。为什么不简单地将模糊集重新编码为清晰集，并使用二分类值进行传统的清晰集分析？毕竟，模糊隶属分数为 0.5 能够区分出案例是隶属或不隶属于某集合。乍看起来，使用交叉值创建模糊集的清晰集是该方法的直接扩展。

评估这个选项的可行性的最佳方法是简单地重新分析如表 7-1 所示的模糊集数据，首先将模糊集转换为清晰集。表 7-4 显示了交叉规则程序（将模糊数据在 0.5 的隶属分数上二分化）应用于如表 7-1 所示的与模糊集数据相关的清晰集数据结果中。在比较表 7-4 和表 7-1 时，显然获得了简单性的好处。表 7-4 中的案例要么完全隶属于（1）或完全不隶属于（0）相关集；而在表 7-1 中，它们的隶属度是渐进变化的。然而，获得这种简单性需要付出一些代价。例如，数据集现在包含一个“矛盾组态”（条件组合相同、结果相反）。比利时和丹麦在四个简单的前因条件（A、I、M 和 U）上的分数相同，但在结果上有不同的分数（W）。在传统的清晰集分析中，在进行分析之前，必须在某种程度上先解决这一矛盾。

表 7-4 先进工业社会阶级投票的清晰集数据

国家	弱阶级投票（W）	高度富裕（A）	收入不平等（I）	高制造业从业人数（M）	强大工会（U）
澳大利亚	1	1	1	0	1
比利时	1	1	0	0	1
丹麦	0	1	0	0	1

⊖ 实际上，合理的临界值范围相对较窄，当研究人员熟悉他们的案例以及相关的理论和实质性文献时，范围可以进一步缩小。

（续）

国家	弱阶级投票（W）	高度富裕（A）	收入不平等（I）	高制造业从业人数（M）	强大工会（U）
法国	1	1	1	0	0
德国	1	1	1	0	0
爱尔兰	1	0	1	1	1
意大利	1	0	1	0	1
荷兰	1	1	0	0	0
挪威	0	1	0	1	1
瑞典	0	1	0	1	1
英国	0	1	1	1	1
美国	1	1	1	0	0

对于有一个矛盾的前因条件组合和 8 个逻辑余项，有几种方法可以分析表 7-4 中的证据。为了尽可能地匹配第二个模糊集的解，这个矛盾被设置为“错误”（false），剩下的 8 个逻辑余项被用于“无关行”（don't care）的组合，这使得它们可以用于简化假设。（在 fsQCA 的结果中，一个无关行可能被分配到 1 或 0，这取决于哪个赋值会得到一个更节约的解。）清晰集分析的结果显示：

$$\sim U + \sim A + I \cdot \sim M \leqslant W$$

W 代表弱阶级投票的国家的隶属度，U 代表具有强大工会的国家的隶属度，A 代表高度富裕国家的隶属度，I 代表收入不平等国家的隶属度，M 代表高制造业从业人数的国家的隶属度，～表示非运算，· 表示逻辑与（组合条件），+ 表示逻辑或（替代的前因条件或前因条件组合），≤表明子集关系。结果表明，弱阶级投票（W）有三个可互相替代的基础：非强大工会（～U）、非富裕（～A），或收入不平等和非高制造业从业人数（I · ～M）。这一解依赖于许多简化假设（这里没有检查），因为 16 个真值表行中的 8 个缺少实例。清晰集解和第二个模糊集解（更为简洁的解）的关键区别在于，清晰集解增加了两个新项：～A（非富裕）和 I · ～M（收入不平等和非高制造业从业人数）。因此，清晰集解比第二个模糊集解更加复杂和更具包容性。

由于清晰集集合理论较低的一致性标准，两项新条件～A 和 I · ～M 出现在清晰集解中。当实例均位于模糊集散点图的主对角线以上时，用模糊集实现了完美的一致性。然而，使用清晰集，实现完美的集合理论的一致性要容易得多。只要没有出现在模糊集散点图的第四象限（右下象限），那么在水平轴上绘制的集合就可以被描述为在垂直轴上绘制的集合的子集。两个模糊集的散点图的右下象限是主对角线下方三角形的一个子集，只有它的一半大小。这个较低的一致性标准定义了更多的案例，因此更多的前因条件组合是一致的。例如，挪威和丹麦在～A（非富裕，一种清晰集的解）中的隶属度为0.4，在W（弱阶级投票）中的隶属度为0.2。在模糊集分析中，这些案例不一致，因为它们在前因条件上的分数超过了结果的分数。这些模糊集不一致直接削弱了“～A是W的一个子集”的说法。然而，从一个清晰集的视角来看，这些案例都完全一致，因为它们显示高度富裕条件不存在（隶属度为0.4，编码为0）和弱阶级投票不存在（隶属度为0.2，同样编码为0）。对于I・～M，也出现了类似的情况：在清晰集分析中定义为一致的一些案例在模糊集分析中是不一致的。因此，在清晰集解中出现附加前因条件是由于它的一致性标准较低。

考虑到这些结果，将模糊集二分化为传统的清晰集分析的做法并不是一个很好的选择。研究人员应该使用第4章和第5章中描述的程序来校正定距和定比尺度变量上的模糊集，并进行模糊集分析。使用模糊集也比多值集（multivalue set）更好（Cronqvist，2004），因为多值集往往会加剧有限多样性问题（参见第8章和第9章，以及Rihoux and Ragin，2008）。更普遍的是，这些结果表明，如果研究人员能够将他们的前因条件和结果用模糊集来表示，他们就不应该使用清晰集。清晰集的使用应该限于本质上就是分类的现象。

结论

fsQCA的目标是协助因果解释，与案例的信息相一致。本章提出的技术和更广泛的fsQCA的实际目标是探索描述性、组态性的证据，着眼于不同的前因条件组合产生一个特定的结果。这一章给对复杂因果关系感兴趣的研究人员提供了各种各样的策略和工具来揭示和分析它，同时使研究人员更贴近他们的案例和证据。

实用附录：模糊集真值表程序

本章的重点是构建能够总结模糊集关系分析结果的真值表的过程。基本步骤如下：

1. 创建一个具有模糊集隶属分数的数据集（清晰集可能包含在前因条件中）。模糊集必须仔细地加以标记和定义（例如，持续弱阶级投票的国家的隶属度）。重视模糊隶属分数校准，特别是对三个锚点的确定：完全隶属点、完全不隶属点以及交叉点。通常，模糊集在 1.0 或 0.0 时是单峰的，或者在 1.0 和 0.0 时是双峰的。在一般情况下，校准需要深厚的理论基础和实际知识，以及对案例的充分了解（见第 4 章和第 5 章）。在校准前因条件时，如果隶属度为 0.5 或者接近 0.5，那么应谨慎使用本章所讲的构建模糊集真值表的程序，或者最好不用。

2. 将模糊集数据直接导入 fsQCA 软件，或者导入一个可以以与 fsQCA 兼容的格式保存数据文件的程序中（例如，使用逗号分隔文件的 Excel，或者使用制表符分隔文件的 SPSS；没有嵌入空格或标点的简单变量名构成数据文件的第一行）。数据集应该包括结果变量和相关的前因条件。使用 fsQCA 2.0 或更新版本打开数据文件。（点击启动屏幕上的 Help 来识别 fsQCA 版本和日期；最新版本可以登录 www.fsqca.com 网站下载。）

3. 选择前因条件的初步列表。一般来说，前因条件的数量应该是适度的，在 3 ～ 8 个之间。通常，前因条件可以利用第 11 章所描述的程序来创建“宏观变量”（macrovariables）。这些宏观变量可以用来代替它们的组成成分以减少向量空间的维数。例如，一个单一的宏观变量可以用来代替三个可替换的前因条件，这些条件是由逻辑连接的，或者是使用它们的最大隶属分数。（在 fsQCA 的数据表窗口中，单击**变量**（Variables），再点击**计算**（Compute），然后使用 fuzzy or 函数创建这类宏观变量。）

4. 通过指定结果和前因条件，创建一个真值表。在 fsQCA 中，通过点击**分析**（Analyze）、**模糊集**（Fuzzy Sets）和**真值表运算算法**（Truth Table Algorithm）来创建出真值表。由此得到的真值表将有 2^k 行，反映了向量空间的不同角（前因条件的 1s 和 0s 确定了向量空间的不同角）。每一行都会显示每一个向量空间角中隶属度大于 0.5 的案例个数（在**数量**（Number）那一列中）。数量那一列的右边第二列是显示“一致性”的列，一致性用来评估每个向量空间角的隶属度是结果的子集的程度。

5. 研究人员必须对数量那一列的数据设定一个频数阈值。当研究中包含的案例总数相对较小时，频数阈值应设置为 1 或 2。然而，当案例总数 N 较大时，应该选择一个实质的阈值。在确定频数阈值时，检查案例的分布是非常重要的。这可以通过单击数量列中的任何一个实例来完成，然后单击**分类**（Sort）菜单，然后点击**降序**（Descending）。每一个隶属度大于 0.5 的案例总数列将显示一个简单的分布情况，也可能揭示出重要的不连续性或间隙（gap）。在选择一个阈值后，删除低于阈值的所有行，对于已按数字排序的表，可以通过单击低于阈值的第一个实例（在数字列中），再单击**菜单**（Menu），然后单击**删除目前行到最后一行**（Delete current row to last）来完成。真值表现在只列出了满足频数阈值的向量空间角。

6. 下一步是选择一致性阈值来区分是否属于结果子集的前因条件组合。这是用一致性列中的一致性分数来确定的。一般而言，一致性分数低于 0.75 表明存在严重的不一致性。可以将一致性分数按降序排序，以此对它们的分布进行评估。这应该在将低于频数阈值的行从表中删除（步骤 5）之后完成。单击“一致性”列中的任何值；单击**分类**（Sort）菜单；然后单击**降序**。找出可能有助于建立阈值的一致性上限的任何间隙，记住，可以检查几个不同的阈值，并评估降低和提高一致性阈值的结果。通常，展示出两个分析结果是很有用的。这两个分析中，一个具有相对宽松的一致性阈值（例如，大约 0.8），另一个具有更严格的一致性阈值（例如，大约 0.9）。

7. 下一步，将 1 和 0 手动输入到空结果列中，该列被标记为结果名，排列在一致性列的左侧。使用前一步骤中选择的阈值，当一致性分数满足或超过一致性阈值时输入值 1，否则为 0。如果真值表的电子表格有 20 多行，则使用**编辑**（Edit）菜单中的**删除和代码**（Delete and code）功能对结果列进行编码。

8. 单击屏幕底部的**标准分析**（Standard Analyses）按钮，生成三种解：复杂解、简约解和中间解。这些不同解在第 8 章和第 9 章中进行解释。中间解是基于用户根据其实际知识输入的前因条件的信息（见第 9 章）。

PART

4

第四篇

因果复杂性分析与净效应分析

第8章

CHAPTER8

有限多样性和反事实案例

自然发生的社会现象在多样性方面有很大的局限。事实上，可以认为有限多样性是它们的标志特征之一。职业声望、教育和收入等社会等级同时发生改变并非偶然，就像国家财富和幸福指数中很高的分数都集中在发达的工业国家并非偶然一样。社会多样性不仅受到财富和权力不平等的双重限制，而且受到历史的限制。例如，西班牙和葡萄牙对几乎整个南美洲和中美洲的殖民统治，对于研究该地区的社会科学家来说，是给定的历史和文化。同样地，非裔美国人在美国南部和北部城市的聚居反映了他们的历史，首先是作为奴隶，然后是经济移民。美国一些地区的非裔美国人相对较少，就像其他地区的拉美裔人口相对较少一样。历史问题的影响总是无处不在。

虽然有限多样性是构成社会现象的核心，但它也严重复杂化了它们的分析。如果经验世界配合，并向社会学家展示相关前因条件的所有逻辑上可能的组合，那么社会科学研究将更加直截了当。例如，通过匹配仅在一个前因条件上不同的案例，就有可能构建结构化的、集中的比较（George，1979），这反过来将极大地促进对前因条件的评估。不幸的是，经验世界很少提供能够构建完全清晰且类似实验的比较的机会。

即使是形式非常简单的因果分析也因有限多样性而受阻。以表 8-1 为例，表 8-1 显示了两种前因条件下假设的国家层面数据——强大的左翼政党（是 / 否）和强大的工会（是 / 否），以及一个结果——高福利国家（是 / 否）。该表列出了这两种前因条件存在 / 缺失的所有四种组合，但四种组合中只有三种存在。具体地说，在现有的国家中没有出现将存在强大的左翼政党与缺乏强大的工会结合在一起的情况。简单地检查表格将发现，强大的左翼政党的存在与高福利国家的存在之间是完全相关关系，这表明了一个简单、简约的解释。

表 8-1　有限多样性影响的简单例子

强大的工会（U）	强大的左翼政党（L）	高福利国家（G）	样本量（N）
是	是	是	6
是	否	否	8
否	否	否	5
否	是	?	0

需要注意的是，对于证据的另一种分析方法会产生不同的解释。如果问题是，结果的所有实例（高福利国家）所共享的前因条件是什么，那么有两个共享的条件：强大的左翼政党和强大的工会。此外，没有一个负面案例（不是高福利国家的例子）共享这一组合。第二种分析策略表明，正是“强大的左翼政党”和“强大的工会”的交集，而非“强大的左翼政党”自身，解释了高福利国家的出现。

哪个解释是正确的？对这些数据进行常规定量分析，就会得知第一个解释是正确的，因为它不仅更简约，而且从解释方差的角度来看是“完整”的，没有任何无法解释的案例。然而，案例导向的研究人员并不是那么迷恋于简约，他们更倾向于因果性的解释，即与他们自己所了解的案例情况一致的解释。通常情况下，当案例被深入研究时，研究人员发现因果关系是复杂的，而且往往涉及特定的前因条件组合（或者说前因“配方”）。因此，相比第一种解释，他们无疑会更赞成第二种解释。第二种解释也将被案例导向的研究者所偏爱。尽管事实上这种“选择因变量”的做法几乎受到只考虑相关关系的定量研究者的普遍谴责，但对于具有相同结果的一组案例所共有的因果相关共性进行探索，往往是案例导向研究的第一个分析举措。

在更为正式的层面上，哪个答案是正确的取决于能否观察到存在强大的左翼政党且缺失强大的工会的案例，也就是说，是否可以发现这样的案例。如果这些案例显示出高福利国家，那么结论就是“强大的左翼政党”自身会造成“高福利国家”。如果这些案例不显示出高福利国家，那么结论就是“强大的左翼政党”和“强大的工会”组合可以解释高福利国家。如果结合了“强大的左翼政党”和“非强大的工会”的相关案例不能被观察到，那么研究者就必须推测：在这种案例中会发生什么？高福利国家会出现吗？为了回答这些问题，研究人员必须依靠他们的理论和实质性知识，这反过来又为两个解释之间的决定提供了基础，即简约（单一原因）解释与更复杂（组合原因）解释。总之，解释的选择是依赖于理论和实质性知识的。

请注意，即使这个例子非常简单（只有两个前因条件，在四个前因条件组合中只有一个缺乏案例），由于实证的有限多样性，也不可能直接从所提供的证据中得出关于因果关系的确定结论。而且，从当代社会科学的角度来看，哪个答案是正确的，可能是一个品位（taste）问题。喜欢简约的学者可能更喜欢第一个答案，寻求与案例更紧密联系的学者可能更喜欢第二个答案[⊖]。

反事实案例

评估一个不存在且必须被想象的前因条件组合的合理结果看起来似乎是深奥的。然而，这种分析策略在社会科学发展史上有着悠久而独特的传统。缺乏经验实例的前因条件组合，必须被想象为一个反事实的案例；评估其可能的结果是**反事实的分析**（Hicks, Misra and Ng，1995）。

对某些人来说，反事实分析是案例导向研究的核心，因为这样的研究通常只包含少数经验案例（Fearon，1991）。如果只有少数例子存在（例如社会革新），那么研究者就必须将经验案例与假设案例进行比较。然而，反事实分析与案例导

⊖ 需要指出，关于哪一个是正确解释的这种模糊性不是使用二分类前因条件的结果。示例请参阅第 10 章和第 11 章。

向研究之间的密切关系不仅源于对小样本容量的关注和研究，而且源于它的组态性质。结果的案例导向解释往往是组合性的，强调前因条件的具体组态。因此，反事实案例往往不同于单一前因条件下的经验案例，从而形成了决定性的、部分想象的比较。

在案例导向的比较研究中，考虑反事实案例往往是明显的。例如，在《民主和专制的社会起源》一书中，巴林顿·摩尔（Barrington Moore，1966）让读者去想象一个在南北战争中南方战胜北方的美国。他的意图不是文学表达，而是要支持他更大的理论观点，即“与过去决裂的革命”（如美国南北战争）是现代民主政治制度出现的基本要素。这种假设性案例的明确使用在比较和案例研究中是众所周知的，在历史研究中也是常见的，反事实的案例被用于修辞和分析的目的。

马克斯·韦伯（Max Weber，1949）通常被认为是第一位倡导在社会科学研究中使用**思想实验**的社会学家。他认为，研究人员可以通过想象“不真实”案例的思想实验来深入了解事件的各个组成部分的因果意义。韦伯的观点基于因果分析的一种明确的组态方法，因为“一个具体的结果不能被看成是有利于它的某些前因和反对它的某些前因的斗争产物。相反，这种情况必须被看成是：从‘效应’引出的因果链的全部条件，必须以某种方式‘共同行动’，否则在其他任何情况下都不能实现这种具体的效果”（Weber，1949：187）。

当代的比较研究者继续讨论如何在研究和理论发展中构建和使用反事实（Elster，1978；Fearon，1991；Hawthorn，1991；Tetlock and Belkin，1996a）。在对反事实思想实验的介绍中，Tetlock 和 Belkin（1996b：4）描述了五种反事实论证方式，并提出了研究者用来判断这些论点的六个标准。虽然描述的反事实论点的风格范围广泛，但没有一种论点在明确的因果关系组态理解中将反事实的使用正式化。定性比较分析（QCA）的组态框架为在社会科学研究中使用反事实提供了有益的指导。在 QCA 中，反事实案例被认为是匹配经验案例的替代。这些假设的匹配案例通过它们的前因条件组态来确定。

在更抽象的层面上，只要研究者基于对“自然发生的”（即非实验性的）社会数据（有限多样性是常态）的分析进行因果推断，反事实分析就会牵涉其中。例如，跨国研究人员认为，在考虑其他相关前因之余，“强大的左翼政党”是造就

“高福利国家”的重要原因，实际上，他们认为，即使只是改变“左翼政党弱势或不存在的国家”（如美国）这一特征，也将会出现更多的“高福利国家”。因此，研究者对所观察效应的解释会援引假设的国家，例如，像美国的国家，除了有强大的左翼政党以外，和美国在所有与前因相关的方面都是一样的。

显然，作为非实验主义者，社会学家不可能创造这个国家。他们不能像实验者在随机对象中分配各种实验处理（treatments）一样，将前因条件分配给他们的案例。他们被困在非实验性的数据中，而且必须面对这样一个事实，即观察到的和未观察到的各种因素通常都将会进入自然发生的选择过程中（例如，解释为什么美国没有左翼政党）。这些自然发生的选择过程反过来扭曲了对因果效应的测量（例如，强大的左翼政党对高福利国家的影响）。

选择问题使得计量经济学家和统计学家需在“对照”与“实验”条件下（例如，美国存在与不存在左翼党派），根据每个案例中因变量值的差异，建立一个理解因果关系的总体框架。[一]由于这两个条件中只有一个是可观察的，所以必须在考虑选择过程的影响下，使用统计估计另一个条件（Holland，1986；Sobel，1995；Winship and Morgan，1999；Winship and Sobel，2004；Brady，2003）。虽然他们在选择问题上的方法很复杂，只有当有非常大的样本，且每个案例既可以在对照组也可以在实验组中先验时，反事实回归过程才是可行的（Winship and Morgan，1999）。而且，这些程序与传统的统计分析一样，仍然是线性的和可累加的，所以它们不直接检查有限多样性和案例匹配的问题。[二]

案例匹配问题的正式分析

为了支持强调前因条件组合的论点，研究人员必须比较密切匹配的案例。根

[一] Winship 和 Morgan（1999：660）认为，“实验”和“对照”变量的语言是普遍适用的：“在研究人员试图估计因果效应的几乎任何情况下，至少按照思想实验，分析可以被描述为一个实验。”使用实验性语言的更直接的含义（他们没有详细讨论的），是“实验必须是可操控的”的限制条件（Winship and Morgan，1999：663，fn.2）。引用 Holland（1986）的观点，他们认为“单纯地谈论性别或任何其他不可操控的个体特质的因果效应是没有意义的。我们必须明确地建立一个可操控的机制，这个机制产生了一个非可操控属性的明显的因果效应”（Winship and Morgan，1999：663，fn.2）。

[二] Braumoeller（2003）提出用布尔逻辑和概率回归来解决有限多样性或“维度的诅咒”。

据 Mill（1967）的观点，理想比较是在只有一个前因条件不同的案例之间进行的比较。这种比较有助于研究人员确定一个具体的前因条件是不是产生相关结果的前因条件组合的组成部分。然而，由于经验社会现象的有限多样性，以这种方式匹配经验案例是非常困难的。例如，为了解释“强大的左翼政党”对“美国作为一个高福利国家”的影响，理想的匹配案例是一个前因条件类似于美国的国家，但其拥有强大的左翼政党。对匹配案例的搜索具有深刻的理论依赖性，因为匹配的过程必须集中于研究者根据其理论和实质性知识所确定的相关前因条件。

为了说明匹配的经验案例的作用，假设一个案例导向的研究者认为四个前因条件（社会文化的同质性、社团主义制度、强大的左翼政党和强大的工会）结合在一起产生了“高福利国家”。[㊀]研究人员将北欧国家列为这一论点的相关实例。这种因果关系要求（至少）有四种紧密匹配的案例：与北欧国家类似但没有社会文化同质性的国家，与北欧国家类似但没有社团主义制度的国家等（比较案例与北欧国家在四种前因条件中有三种条件相匹配）。这些匹配的案例可以用布尔代数表示如下。

北欧的案例：

$$H \cdot C \cdot L \cdot U \leqslant G$$

四种匹配案例：

$$\sim H \cdot C \cdot L \cdot U + H \cdot \sim C \cdot L \cdot U + H \cdot C \cdot \sim L \cdot U + H \cdot C \cdot L \cdot \sim U \leqslant \sim G$$

其中，H 代表社会文化的同质性，C 代表社团主义制度，L 代表强大的左翼党派，U 代表强大的工会，G 代表高福利国家，～表示不存在或非集，“·”表示条件的交集（逻辑与），“+”表示可替代的条件组合（逻辑或），另外，≤表示“是……的充分条件”。如果研究人员能够证明“高福利国家”未能在这四种匹配案例中实现，这一发现将极大地支持他的因果论证。实际上，若在这四个匹配案例中没有呈现出特定结果，研究者就可以声称四个前因条件中的每一个都是一个“INUS”条件：“一个条件的不充分但必要的组成部分，它本身是不必要的，但对结果来说是充分的”(Mackie，1965：245)。

㊀ 这可能是也可能不是通向“慷慨的福利国家”的唯一途径。这里的重点仅仅是对这条途径的充分性的评估，而不是评估它的必要性。

理想的匹配案例往往很难找到，因为一些前因条件的组合是不太可能的，且其他的组合从实证上来说也是不可能的。例如，要确定一个社会文化同质化，拥有强大的工会、强大的左翼党派，而没有社团主义制度的国家可能是非常困难的。此外，当因果论证的组合很复杂时（当研究者深入研究案例时，这是一个普遍的结果），需要支持因果论证的匹配案例数量是相当大的。经验世界在其多样性方面受到深刻的限制，所有相关的前因条件相同，只有一个条件不同的匹配案例比较少见。因此，比较研究者通常无法确定切题匹配的经验案例，必须用反事实案例来替代。

反事实案例和定性比较分析

定性比较分析是当今为数不多的可以直接处理自然发生的社会现象有限多样性的技术之一。与传统的技术不同，QCA 首先假设因果关系是组态复杂的，而不是简单的。大多数传统技术认为前因条件是“独立的”变量，其对结果的影响是线性的和可加的。QCA 的关键在于，它将案例视为条件的组态，并使用真值表来逻辑地表示和分析它们。表 8-1 实际上是一个非常简单的真值表，包含两个前因条件和四个前因条件组合。

在 QCA 的语言中，如表 8-1 所示的真值表的第 5 行是一个余项——一个缺乏经验案例的前因条件组合。在 QCA 中，这个真值表的解取决于如何处理这个余项。最保守的策略是，在评估“高福利国家”这一结果出现的前因条件时，将其视为“假”（排除在外），并在评估“高福利国家”缺失的前因条件时，也将其视为“假”(排除在外)，如下：

“高福利国家”出现

$$L \cdot U \leq G$$

“高福利国家”缺失

$$\sim L \cdot U + \sim L \cdot \sim U \leq \sim G$$

$$\sim L \cdot (U + \sim U) \leq \sim G$$

$$\sim L \leq \sim G$$

这里的符号与前面的例子相同。第一个公式总结了表 8-1 的第 2 行；第二个公式总结了表 8-1 的第 3 行和第 4 行；第三个和第四个公式使用布尔代数简化了第二个公式。根据这一分析，“强大的左翼政党”和“强大的工会”的交集足以促成“高福利国家”的出现。缺乏“强大的左翼政党”，就足以让“高福利国家”不出现。

在 QCA 中，一种替代策略是把余项当成**“无关的组合”**。（“无关”标签反映了在设计和分析开关电路时真值表方法的起源。）当被作为无关的组合来处理时，余项可以作为一个潜在的“简化假设”。也就是说，如果这样做可以得出逻辑上更简约的解，那么它将被视为结果的实例。同样，如果这样做会得出在结果缺失的逻辑上更简约的解，那么也可以将其视为结果缺失的实例。这种“无关”的用法可以用符号形式表示如下，将余项 L・～U 添加到上面两个表述中：

“高福利国家”出现

$$L \cdot U + L \cdot \sim U \leqslant G$$

$$L \cdot (U + \sim U) \leqslant G$$

$$L \leqslant G$$

“高福利国家”缺失

$$\sim L \cdot U + \sim L \cdot \sim U + L \cdot \sim U \leqslant \sim G$$

$$\sim L \cdot (U + \sim U) + \sim U \cdot (L + \sim L) \leqslant \sim G$$

$$\sim L + \sim U \leqslant \sim G$$

从这些结果中可以清楚地看出，在“高福利国家”出现的情况下，**将余项作为一种无关组合，会得出一种逻辑上更简约的解，而在“高福利国家”缺失的情况下，这将导致更复杂的解**。因此，对一个更简约的解感兴趣的研究人员可能更倾向于在“高福利国家”存在的解中将余项（表 8-1 的第 5 行）作为一个无关的组合。请注意，在对“高福利国家”存在的分析中，使用余项作为无关的组合所得出的结果与对相同数据的常规统计分析得出的结果相同。

使用 QCA，研究人员有责任评估任何引入解中的无关组合的可信度。假设在这个例子中，研究者选择了更为简约的解以满足“高福利国家”的存在——结论是这一结果存在完全是由于存在“强大的左翼政党”。因此，研究人员有必要对这种简化假设的合理性进行评估，即如果实际存在具有“强大的左翼政党”并缺乏“强大的工会”的案例，则这些案例将表现为“高福利国家”。这是一个非常强的假设。鉴于现有的理论和实质性知识，许多研究人员会发现它是不合理的。在某种程度上，“现有的知识”是这样一个简单的事实，即所有已知的高福利国家（在目前这个假设的例子中）都是拥有强大工会的国家。现有的知识也包括对“高福利国家”的出现进行深入的、个案级的分析。例如，这些知识可能表明，强大的工会已集中参与建立高福利国家。

这里的重点不是研究的具体结论，也不是是否有一个强大的左翼政党本身就足以建立一个高福利国家的实例。更确切地说，问题是关于缺乏经验实例的条件组合的假设。在 QCA 中，必须对这些假设进行评估；不要用机械的方式把无关组合（余项）嫁接到解上，因为我们毕竟是**关心**它们的。

与传统定量研究的对比

在传统定量研究中，有限多样性的问题被掩盖了，因为研究人员使用的技术和模型对因果关系的本质有着非常具体的假设。通常情况下，研究者使用各种各样的理论视角，制定与所研究问题相关的潜在前因条件的列表，以开始他们的研究。在默认情况下，他们通常把每一个前因条件作为结果的独立原因，并把他们的主要分析任务看成是评估所列的前因条件中哪一个最重要。也就是说，他们试图根据每个变量的净效应的统计估计值来确定结果的最佳“预测因子”。净效应的估计是基于这样一种假设，即每个原因本身都能够影响结果；也就是说，假定原因是独立的，并且效应是可加的。因此，传统定量研究通过假设不切实际的、简单的因果关系来规避有限多样性的问题。相比之下，QCA 坚持案例导向研究的组合重点，认为因果关系可能是复杂的，相同的结果可能来自不同的前因条件组合。这个想法是在真值表中实现的，它考虑了相关前因条件逻辑上可能的所有组合。

当案例的数量是小到中等的时候，即使是只有 16 行（基于四个前因条件）的真值表，也有无案例行（即余项行），这都是潜在的反事实案例。然而有大量案例也不能保证可以避免出现余项。同样，在自然发生的社会现象的研究中，有限多样性（即存在大量余项行）是常态而不是例外。例如，我（2003b）曾经证明了一个大样本、个体层次的数据集（$N = 758$）只填充了 32 行真值表（五个前因条件）中的 24 行，而这 32 行中的 12 行几乎包含了所有的案例（占全部样本的 96.7%）。Sonnett（2004）在对音乐品位的个人层面数据（$N = 1\ 606$）进行分析时同样发现，64 行真值表中的 22 行（34% 的行）包含大部分样本（90%）。Braumoeller（2003 ：229）在 8 328 个观测数据集中也发现了“复杂的共变”，Braumoeller（2003）称之为有限多样性的证据。从这个角度很容易看出为什么反事实分析对社会科学研究至关重要。任何允许组合复杂性的分析几乎肯定会遇到大量余项，因此会有大量潜在的反事实案例。

关键问题是如何应对。第一种方法是退到实验室，完全避免非实验数据。这种方法试图通过实验操作来创建匹配案例。第二种方法是使用诸如 Winship 和 Morgan（1999）所讨论的统计技术，基于尝试控制潜在选择过程的统计模型来估计未知数据（即对照或实验条件的值）。第三和方法是进行反事实分析（即思想实验）。实验室方法对社会学家可能提出的问题有严格的限制。统计方法不仅需要大量的案例和特定类型的前因变量（一种可以被操作化的条件），而且需要一些强大的、简化的关于因果关系本质的假设。思想实验方法可能看起来没有吸引力，因为它涉及处理假设的案例。然而，在第 9 章中，我证明了只要研究人员具有完善的理论和实质性知识，处理许多反事实案例就可以被认为是“容易”的。

第9章

CHAPTER9

容易反事实与困难反事实

想象这样一种情境，研究人员根据现有的理论和实质性知识，假设前因条件A、B、C和D都与结果Y有关。可获得证据表明，结果Y中的很多实例都伴随着以下条件：存在前因条件A、B和C，条件D缺失（即A·B·C·～D≤Y）[⊖]。然而，研究人员怀疑，真正重要的是前三个前因条件A、B和C的存在，而第四个前因条件（～D）在A·B·C的存在下是多余的。但是，没有A、B、C存在与D存在相结合的情况（即没有A·B·C·D的案例）。因此，决定条件D缺失是不是前因条件组合的必要部分的决定性匹配案例根本不存在。

通过反事实分析（即如第8章所述的思想实验），研究者可以宣称这种假设的组合（A·B·C·D）是结果的可能实例。也就是说，研究者可能认为A·B·C·D（如果存在的话）会导致Y。这种反事实分析将允许下面的逻辑简化：

$$A \cdot B \cdot C \cdot \sim D + A \cdot B \cdot C \cdot D \leq Y$$

$$A \cdot B \cdot C \cdot (\sim D + D) \leq Y$$

$$A \cdot B \cdot C \leq Y$$

⊖ 在本例中，可能会有与结果Y相关的其他未指定的组合。没有假设这是唯一与结果（Y）相关联的组合。

这种简化合理吗？这个问题的答案取决于在其他三个前因条件（A・B・C）的组合存在时，有关D和Y之间关系的相关理论和实质性知识的状态。如果研究者可以将其建立在“我们完全有理由认为在这些条件下D的存在将有助于结果Y的出现（或相反，D的缺失不应该是一个推动因素）”的现有知识的基础上，那么上述反事实分析就是可行和合理的。换句话说，现有的知识使得断言A・B・C・D≤Y是一个“容易”的反事实，因为研究人员会将一个冗余的贡献因素（D的存在）添加到一个已经被认为会导致结果出现的组态中（A・B・C）。

重要的是要指出，在这个例子中已经完成的部分（使用布尔代数）是常规的，尽管在很多案例导向的研究中通常是隐含的。如果传统的案例导向的研究人员要研究经验实例A・B・C・～D≤Y，他们可能会根据被认为与结果相关的因素（也就是存在A、B、C）来发展他们的因果论证或叙述。在此过程中，他们可能会考虑这样的可能性：在这些案例中观察到的条件D的缺失（即～D）可能整合进条件A・B・C产生结果Y的某种方式中。假设基于四个前因条件的现有知识，他们很容易得出的结论是这些前因条件的存在，而不是它们的不存在，与结果的发生有关。因此，他们很快就会得出一个比较简约的结论，即A・B・C≤Y。这里的要点是，反事实分析在案例导向的研究中并不总是明确、表达清晰的，尤其是当反事实较为简单的时候更是如此。这种分析通常由案例导向的研究人员在构建案例或特定类别案例的解释过程中“实时”进行。

现在考虑相反的情况。研究者观察到A・B・C・D≤Y的实例，但是认为在A・B・C存在的情况下，D存在对产生结果Y是多余的或冗余的。如果D缺失会发生什么？不幸的是，在这个案例中，A・B・C・～D组合没有实例，研究人员必须求助于反事实分析。然而，现有的理论和实质性知识将D的存在与结果Y联系起来。断言如果A・B・C・～D存在就会导致Y合理吗？这种将A・B・C・D简化为A・B・C的反事实是“困难的”。研究者必须齐心协力，并经过详细论证和经验支持来证明这一点。[㊀]这里的观点并不是说应该避免困难的

㊀ 注意，反事实的方法论通常假设一种困难形式的非组态的变体，如Fearon（1996, 39）所说：“当试图论证或评估某个因素A引起事件B时，社会学家经常使用反事实。也就是说，他们或者问是否如此，或者声称‘如果A没有发生，B就不会发生’。”

反事实案例，重点在于它们需要仔细的解释和论证。有时候研究人员能够成功地使困难的反事实正当化，而这样的努力可以产生重要的理论洞见和进步。

容易和困难的区别不是严格的二分法，而是一种合理的连续体。一端是容易的反事实，即假设向已知产生结果的组态中添加冗余的前因条件（例如，对于组合 A・B・C 的条件 D）仍然会产生结果。另一端则是更困难的反事实，它试图从一个已知产生结果的组态中移除一个贡献型的前因条件，假设这个条件是冗余的，而减少后的组态仍然会产生结果。在容易 / 困难的连续体上，反事实的具体用途主要取决于社会科学社群现有的理论和实质性知识的状态。这种知识有助于研究人员通过给出关于“特定前因条件的重要性或不相关性的反事实论据”（Tetlock and Belkin，1996b）的理论或经验支持来确定哪些条件可能是多余的或不相关的。反事实分析的这一方面也突出了社会科学研究的理论和知识依赖性以及其基本的社会和集体的性质（Merton，1973）。

由于有限多样性是自然发生的社会现象研究中的常态，而不是例外情况，因此在大多数社会科学调查中，会有许多前因条件逻辑上可能的组合是缺乏经验实例的。正如刚刚证明的那样，这些反事实案例可用于简化结果。其中一些反事实将是相对容易的（因此或多或少是常规的），有些则会很困难（因此也许应该避免）。主要考虑因素是每次使用的理论和实质性知识的存量。

容易的反事实和 QCA

研究人员在面对有限多样性和大量的逻辑余项（因此有许多潜在的反事实案例）时，利用定性比较分析（QCA）有两个主要选择：①他们可以避免使用任何余项来简化真值表；②他们可以允许并入余项的子集，从而产生真值表的最简约的解。第一个选择完全禁止反事实案例；第二个选择允许包括容易和困难的反事实，但是没有对其合理性进行任何评价。乍一看，这两个选择都不具吸引力。第一种情况可能会导致不必要的复杂结果，如上述第一个例子所示，简单地添加容易的反事实将允许 A・B・C・～D 简化为 A・B・C。第二种情况可能会由于包含了困难的反事实而导致结果简约得不切实际，就像在第二个例子中，

A·B·C·D 被简化为 A·B·C。然而，与其拒绝这两个选项，不如将它们看成可能结果的单个连续体的端点。连续体的一端偏爱复杂（不允许反事实案例），另一端偏爱简约（容易和困难的反事实案例都是允许的）。两个端点都扎根于证据之上；它们只是对反事实案例的容忍度不同。

大多数社会学家喜欢在复杂性和简约性之间取得平衡的解释。也就是说，他们更喜欢在这两个极端之间的解释。例如，巴林顿·摩尔（1966）的《民主和专制的社会起源》是对 8 个国家政治发展的比较案例研究。允许最大复杂性的解释可能会得出 8 种不同的前因条件组合，它们与 8 种截然不同的结果相关联。相反，允许简约特征的解释将集中在一个或很少的前因条件上。例如研究者可能会把城市资产阶级的力量作为主要的前因条件，认为这个阶级越强、人数越多，结果就越民主。相比之下，平衡简约性和复杂性的解释（例如，摩尔所提供的解释）将侧重于政治发展的不同路径，并根据相对较少的路径将国家划分为几个群体。QCA 的一个优势在于，它不仅提供了产生复杂 / 简约连续体两个端点的工具，而且提供了用于设定中间解的工具。例如，考虑表 9-1 列出的真值表，该表使用 A、B、C 和 D 作为前因条件，Y 作为结果。与以前一样假设现有的理论和实质性知识认为，这些前因条件的存在而不是缺失与结果有关。禁止反事实案例的分析结果揭示组合 A·B·～C 解释 Y。也就是说，A 的存在、B 的存在以及 C 的不存在（即～C）解释了 Y 的存在。通过分析这些相同的证据，但允许任何会产生更简约结果的反事实案例，将得出结论：A 自身就可以解释 Y 的存在。

将这两个结果设想为复杂 / 简约连续体的端点，如下所示：

A·B·～C ———————————————————————————— A

表 9-1 具有四个前因条件（A、B、C 和 D）和一个结果（Y）的真值表

A	B	C	D	Y
否	否	否	否	否
否	否	否	是	?
否	否	是	否	?
否	否	是	是	?
否	是	否	否	否

（续）

A	B	C	D	Y
否	是	否	是	否
否	是	是	否	?
否	是	是	是	否
是	否	否	否	?
是	否	否	是	?
是	否	是	否	?
是	否	是	是	?
是	是	否	否	是
是	是	否	是	是
是	是	是	否	?
是	是	是	是	?

观察到复杂解（A·B·～C）是简约解（A）的子集。因为这两个解都必须覆盖Y存在的真值表的行；简约解还将一些余项行作为反事实案例，因此还包含额外的行。在复杂/简约连续体中，还有其他可能的解，如组合A·B。这些中间解是在用于产生简约解的余项的不同子集合并到复杂解中时产生的。这些中间解构成了最简约的解的子集（本例中为A）和允许最大复杂性的解的超集（A·B·～C）。解之间的子集关系维持在复杂/简约连续体上。这个例子的含义是，只要包含简约解中的前因条件（A），任何至少使用复杂解（A·B·～C）中的某些前因条件的任何前因条件组合都是真值表的有效解。由此可见，表9-1中的真值表有两个有效的中间解：

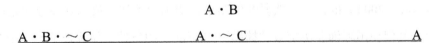

A·B

A·B·～C　　　　　　A·～C　　　　　　A

两种中间解都是简约解的子集和复杂解的超集。第一个中间解（A·B）允许反事实A·B·C·D和A·B·C·～D作为与结果Y相联系的前因条件组合。第二个中间解（A·～C）将反事实A·～B·～C·D和A·～B·～C·～D与结果Y联系起来。

这两个中间解的相对可行性取决于包含在其中的反事实的合理性。引入第一个中间解中的反事实是容易的，因为它们被用来从组合A·B·～C中消除～C，在这个例子中，现有的知识支持C的存在与结果Y有关，而不是它的缺失

(～C)。然而，引入第二个中间解中的反事实案例是困难的，因为它们被用来从A·B·～C中消除B，并且根据现有的知识，B的存在与结果Y的存在是有联系的。“只有容易的反事实才能被纳入”的原则支持选择A·B作为最佳的中间解。这种解与传统的案例导向的研究者从这个论据中得出的解相同，这是基于对前因条件的直接兴趣：①正面案例（或者至少是正面案例的一个子集）共享的条件；②被确信与结果有关；③不出现在任何负面案例中。

正如这个例子所示，引入不同的反事实产生不同的解。然而，这些不同的解都是复杂解的超集和简约解的子集。此外，我已经展示，可以推导出只允许容易的反事实的最佳中间解。这个过程的说明相对简单：研究人员从复杂解中去除与现有知识不一致的前因条件，同时坚持基于复杂/简约连续体的子集原则，这意味着研究人员构建的中间解必须是最简约解的子集。纳入这一最佳解的反事实案例在相同证据的传统案例导向调查中是比较常规的。QCA的一大优势就是所有的容易和困难的反事实都是明确做出的，正如将它们并入结果的过程一样。QCA使这一过程具有透明度，因此可供社会科学研究的生产者和消费者评估。本章现在对这一方法进行简单的示例说明，以正式纳入容易的反事实为例，使用Olav Schram Stokke（2004）发表的有关国际捕捞制度的例子。

示范

Stokke（2004）报告了一项研究的结果，明确地关注违反国际渔业协定的国家，研究其促使国际渔业协定被“抹黑”(shame)[⊖]的条件。他调查了十个企图抹黑的案例，其中包含五个成功的案例（即抹黑对象改变了他们的行为）和五个失败的案例。他的前因条件如下：

1. 建议（A）：参照该制度的科学咨询机构的明确建议，这些抹黑者是否可以证实他们的批评。

2. 承诺（C）：目标行为是否明确违反了制度决策机构采取的保护措施。

⊖ 这里将“shame”翻译成抹黑，主要是指一些国家违反国际渔业协定，并令人感觉到国际渔业协定有问题（使其被抹黑）。——译者注

3. 未来的影响（S）：被抹黑的对象认为需要在制度之下进行新的交易，如果批评被忽略，这些有益交易可能会受到危害。

4. 不方便（I）：抹黑者试图促进的（对抹黑的目标）行为改变的不便利性。

5. 反响（R）：被抹黑对象不遵守协定的国内政治成本（即被指责为罪魁祸首）。

Stokke 的真值表如表 9-2 所示。这个真值表是小样本研究的典型。存在许多逻辑上可能的前因条件组合（2^5= 32 行），只有少数（8 行）有经验实例，存在大量逻辑余项（24 行），因此很多潜在的反事实案例都可以被纳入解中。由于多样性受到严重限制，因此这个真值表产生许多不同解是可能的，所有解都在复杂 / 简约连续体的端点所确定的范围内。

表 9-2　国际制度成功抹黑原因的部分真值表（未显示余项）

建议（A）	承诺（C）	未来的影响（S）	不方便（I）	反响（R）	成功（Y）
是	否	是	是	是	是
是	否	否	是	否	否
是	否	否	是	是	否
否	否	否	是	否	否
是	是	是	是	是	是
是	是	是	是	否	否
是	是	是	否	否	是
是	否	否	否	否	是

在不允许任何反事实引入的情况下，分析这个真值表会产生以下“复杂”解：

$$A \cdot S \cdot I \cdot R + A \cdot C \cdot S \cdot \sim I \cdot \sim R + A \cdot \sim C \cdot \sim S \cdot \sim I \cdot \sim R \leqslant Y$$

这些复杂的结果源于这样一个事实，即在 32 种逻辑上可能的组合中，只有 4 种显示结果，而 24 种余项中没有一种已被纳入解中。本质上，只发生了一次简化：$A \cdot C \cdot S \cdot I \cdot R$ 和 $A \cdot \sim C \cdot S \cdot I \cdot R$ 合并产生 $A \cdot S \cdot I \cdot R$。这个解是最复杂的，因此建立了复杂 / 简约连续体的第一个端点。

相比之下，使用所有可能的简化假设（即有助于产生更简约的结果的任何反事实——无论容易还是困难）会产生一个极其简约的解：

$$\sim I + S \cdot R \leqslant Y$$

这一解表明，当被抹黑对象改变他们的行为并非不方便时（$\sim I$），或当未来的影响与国内反响相结合（S·R）时，将产生对抹黑的服从响应。虽然从这些证据中得出的结论并非不合理，且它们确实很简约，但它们与传统的案例导向的研究人员得出的结论略有不同。例如，请注意，表 9-2 中与“成功的抹黑”联系的四种前因条件组合都包含了条件 A，即制度的科学咨询机构的支持。这种共性可以被看成是成功抹黑的必要条件，它不会逃脱案例导向的研究者或有兴趣使用抹黑作为刺激依从性策略的实践者的注意。

第二个分析提供了复杂 / 简约连续体的另一个端点，现在可以描述如下：

A·～C·～S·～I·～R+

A·C·S·～I·～R+ ～I+

A·S·I·R S·R

子集关系可以通过以下事实来观察：A·S·I·R是S·R的子集，并且A·C·S·～I·～R和A·～C·～S·～R是～I的子集。(在连续体端点的前因条件组合被逻辑或连接起来，或者如相应的解所示，用+来表示)。下一步是设定中间解并对它们所包含的反事实进行评估。如前所述，最佳的中间解只包含容易的反事实。为了找到这样的解，只需要检查连续体复杂端的每一项，并确定可以从每个组合中删除哪些前因条件（如果有的话）。

首先，考虑组合A·S·I·R。前因条件S和R不能被删除，因为它们出现在连续体另一端相应的简约项中，删除任何一个都会违反子集关系。仅有的可能被删除的候选条件是I和A。该制度的科学咨询机构的支持（A）确定与抹黑的成功有关。因此，这个前因条件不应该被删除。然而，事实是被抹黑目标改变他们行为的不便利性（I）并不能促成“成功的抹黑”。因此，不便利性（I）可以从组合A·S·I·R中删除，因为被抹黑目标改变行为的不方便，对A·S·R在产生一致性方面的成功并不重要。删除条件I导致产生中间组合A·S·R。这种组合是S·R的一个子集和A·S·I·R的超集。

其次，考虑组合A·C·S·～I·～R。条件～I（行为变化并非不便）不能被删除，因为它出现在连续体另一端对应的简约项中。就像之前一样，条件A(制度的科学咨询机构的支持）不应该被移除，因为这个条件显然与抹黑的成功有关。条件C（冒犯行为明显违反了先前的承诺）也不应该被移除，因为它只会有助于抹黑的成功。条件 S（未来的影响——违反者将需要与制度达成未来协议）也是一个只会促成“成功的抹黑”的因素。事实上，只有条件～ R（被抹黑不存在国内反响）可以被删除。显然，国内反响（R）的存在会促成“成功的抹黑”；也就是说，如果有国内反响（R）的话，这些相同的“成功抹黑”实例仍然会取得成功。因此，这种组合只能简化出一个条件来，从而产生中间项 A · C · S · ～ I。

最后，考虑组合 A · ～ C · ～ S · ～ I · ～ R。同理，条件～ I 必须保留，因为它出现在相应的简约项中，条件 A 也将被保留，原因与分析前两种组合时所述的相同。条件～ R（没有国内反响）可以删除，就像分析前述组合时所阐述的那样。条件～ C（没有违反承诺）可以被移除，因为如果明确违反了承诺（C），这些“成功的抹黑”实例仍然会成功。同样，条件～ S（不需要与制度达成未来协议）可以被安全地移除，因为只有其存在（S）会有助于抹黑的成功。总之，可以去除三项，产生中间项 A · ～ I。

这三个中间项可以结合成一个解：

$$A\cdot S\cdot R+A\cdot C\cdot S\cdot \sim I+A\cdot \sim I\leqslant Y$$

可以简化为：

$$A\cdot S\cdot R+A\cdot \sim I\leqslant Y$$

因为项 A · C · S · ～ I 是项 A · ～ I 的一个子集，因此在逻辑上是冗余的（A · C · S · ～ I 的所有案例也都是 A · ～ I 的案例）。这些结果表明，有两条途径可以导致“成功的抹黑”：①来自该制度的科学咨询机构的支持（A）、达成未来协议的需要（S）、被抹黑时国内的回响（R）三个条件的组合；②来自该制度的科学咨询机构的支持（A）与行为改变并不会不方便（～ I）两个条件的组合。现在可以将中间解添加到复杂 / 简约连续体中，如下所示：

A · ～ C · ～ S · ～ I · ～ R +		
A · C · S · ～ I · ～ R +	A · ～ I +	～ I +
A · S · I · R	A · S · R	S · R

如前所述，中间解是最复杂解的超集，是最简约解的子集。它是最优的，因为它只包含了容易的反事实，避开了那些已经被纳入最简约解中的困难的反事实。中间解在复杂和简约之间找到了平衡，使用的程序模仿了传统案例导向的比较研

究法。[⊖]

许多使用QCA的研究人员要么将尽可能多的简化假设（反事实）纳入其中，要么完全避免。事实上，他们应该使用理论和实质性知识来进行思想实验，在复杂和简约之间找到一个平衡点，正如刚才所展示的那样。QCA可用于推导复杂/简约连续体的两端。中间解可以在这个连续体的任何地方构建，只要子集原则得到坚持即可（也就是说，更接近连续体的复杂解那一端的解，必须是更接近于简约解那一端的解的子集）。一个最优的中间解可以这样获得：保持与最简约解的子集关系的同时，在复杂解中去除与现有知识不一致的单个前因条件。

反事实分析与案例导向的研究

从传统定量研究的角度来看，案例导向的比较研究似乎是行不通的（Achen，2005b）。定量研究人员很清楚，当样本数量较大时，统计分析的效果最好，不仅统计显著性更容易实现，大样本也可以帮助研究人员避免遇到他们所用技术中的许多苛刻的假设。当样本规模较小甚至是中等规模时，在案例导向的研究中，基本假设的违背就太常见了。除了小样本的问题外，另一个困难是，当研究人员十分了解他们的案例时，他们倾向于从他们的论据中构建组合性的因果论断。从传统定量研究的角度来看，对前因条件组合的这种锁定对于轻微的跨案例证据提出了更难的要求。它也与最常用和最流行的定量技术的核心逻辑背道而驰，这些技术主要用于评估前因变量净、独立的效应，而不是它们的多重组合效应。

然而，案例导向的比较研究有其自身的逻辑和严谨性。因为它是组态的，所以条件组合的检验对于这类研究是至关重要的。大多数定量研究缺乏这样的严谨性，因为匹配案例会破坏自由度和统计功效。然而，正如本章所展示的那样，前因条件组合常常涉及反事实分析，因为自然发生的社会数据在其多样性上是极其有限的，研究者必须使用假设的案例进行思想实验。这种做法似乎是值得怀疑的，特别是对传统的定量研究人员来说，因为它违背了“实证”社会科学研究的

[⊖] 请注意，Stokke（2004）在其结果中包括了条件A，这是依据我（2000, 105, 254）的建议，以便在充分性测试之前执行条件的必要性测试。本章描述的反事实过程可以看成是对QCA技术的扩展和重新定义，指出了由最复杂解和最简约解所定义的连续体中必要条件和充分条件的规范。

规范。然而，这一章表明，许多反事实分析可以被认为是常规的，因为它们涉及容易的假设案例。这一章进一步说明了，在 QCA 的组态框架内如何将这些容易的反事实案例正式化并纳入跨案例研究中。

这一章也强调了社会科学研究的一个非常重要的特征，**即它是建立在理论和实质性知识的基础之上的，而不仅仅是方法论技术**。正是这种理论和实质性知识使得评估反事实案例的合理性成为可能。从本质上讲，本章所概述的方法阐明了现有知识如何被融入实证结果的结构中，为解决有限多样性问题提供了一种基于知识的方法。

实用附录：使用模糊集定性比较分析推导中间解

正如本章所指出的，在模糊集定性比较分析（fsQCA）中对复杂解和简约解的推导是简单的。将所有余项组合（即那些没有实例或实例非常少的条件组合）指定作为潜在的反事实案例，即可得出简约解。产生的解结合了所有能够产生更简约解的反事实组合，不管其是容易的还是困难的。相比之下，复杂解不允许存在任何反事实案例，因此也没有对数据中不存在实例的条件组合进行简化的假设。实际上，复杂解将所有余项组合定义为“假”。相反，中间解的推导并不是自动的，因为它需要利用研究者的理论和实质性知识。这种知识是区分“容易的反事实”（可以被纳入中间解）和“困难的反事实”（不能被纳入中间解）的基础。

在 fsQCA 中，无论是清晰集还是模糊集，只要选择真值表算法（Truth Table Algorithm），就可以在生成复杂解和简约解的同时生成中间解。一旦用户对真值表进行了完整编码（详见第 7 章的实用附录），用户只需点击真值表底部的“标准分析”（Standard Analysis）按钮，首先导出复杂解，然后是简约解。接下来，用户被询问对“每个前因条件的预期”，该查询采用对话框的形式，其中由用户指定是条件的“存在”还是“缺失”有助于“结果存在”。此外，研究人员可以输入与结果相关联的条件是“存在”还是“缺失”。例如，如果结果是“避免贫困”，并且其中一个前因条件是“至少有高中教育文凭”，那么用户将指定这个条件存在应该与结果“避免贫困”相关联。这一编码是基于低受教育水平和低收入之间的众所周知的联系。相比之下，如果前因条件是“有低收入的父母”，那么用户会指定这个条件缺失应该与“避免贫困”相关联。最后，如果前因条件是“城市居民”，那么用户可能会点击“存在”或“缺失”，因为今天美国有相当多的城市和农村贫困人群，因此没有明确的预期将选择其中一个或另外一个。事实上，期望“城市居民”与“农村居民”的脱贫存在不同的条件组态，这可能是合理的。

这些前因条件的编码为区分容易和困难的反事实提供了基础。考虑一个简单的例子：假设“受过高中教育、已婚、没有孩子”这一组合与“避免贫困”有关，再假设不存在“没有受过高中教育、已婚、没有孩子”的案例。如果用户没有把“至少受过高中教育”作为一种与“避免贫困”相关的条件，那么反事实组合（没有受过高中教育、已婚、没有孩子）可以将现有的组合（受过高中教育、已婚、没有孩子）简化为“已婚、没有孩子”。简化后的项表明，如果一个人结婚了且没有孩子，则教育水平和避免贫困是无关的。然而，从经验上来看，这不是事实，因为在所有已婚的相关案例中，没有孩子的人至少是受过高中教育的。换句话说，如果没有至少高中教育的编码，并将其作为与消除贫困联系在一起的一种条件，那么解中就会包含一个困难的反事实。然而，如果编码得当，这种毫无根据的简化是被禁止的。

一般来说，中间解是首选，因为它们通常是最易解释的。当有限多样性较为实质时，复杂解可能非常复杂，因为很少或没有简化。同样地，在相同的条件下，由于许多（简单和困难的）反事实组合的纳入，简约解可能会变得不切实际。基于研究者的理论和实质性知识，中间解在简约性和复杂性之间取得了平衡。

第10章 “净效应”思维的局限性

CHAPTER10

传统的数据分析方法（如多元回归）奠定了当今社会科学中大多数定量研究的基础。这并不令人惊讶，因为许多人认为这些方法是社会科学研究者可用的最严谨、最规范、最科学的分析方法。社会科学研究的结果要想产生更大的社会影响，研究者就应该使用现有的最严谨的分析方法。

虽然传统的定量方法是严谨的，但它们是围绕着一种特定的严谨而组织的。也就是说，它们有属于自己的严谨和规范（discipline）要求，而不是普适的严谨。作为分析工具，传统的定量方法之所以是严谨和有价值的，是因为它们有几个特性。本章主要关注其中一个关键特性，即它们通常集中于“自”变量对结果的“净效应”估计上。本章聚焦于这个重要特性，并将它描述为净效应思维，是因为传统方法的这一特性限制了它的有用性（usefulness）。虽然评估自变量的相对重要性很重要，但这项任务不应该是社会科学分析的唯一关注点。相反，除了估计净效应之外，研究者还应该探索不同的前因条件如何组合起来产生一个给定的结果。本章对净效应思维进行了批判，重点讨论了它的局限性，并对比了净效应思维与QCA的组态方法的关键区别。第11章则提供了一个大数据集的例子进行具体阐述。

需要指出的是，这里提出的观点并非旨在说明传统的分析技术是有缺陷的，事实上，它们是强大的和严谨的，但是它们不太适合用来分析因果复杂性。的确，净效应的评估需要研究者假定因果关系不复杂。

净效应思维

在现有的“规范的”社会科学中，研究者把评估源于竞争理论的前因变量的相对重要性看成是他们的主要任务之一。在理想的情况下，有关理论强调不同的变量并明确说明这些变量如何与相关的实证结果联系起来。然而，事实上，社会科学的大多数理论在描述前因条件和结果时都很模糊，并且在说明前因条件如何与结果相关时，它们往往更是有所保留的（例如，指明给定的前因变量在产生影响时必须满足的条件）。通常情况下基于从竞争理论中发现的广泛社会现象，研究者只能发展出有关前因条件的一般性清单。关键的分析任务通常被视为评估有关变量的相对重要性。如果与特定理论相关的变量被证明是结果的最佳预测因子（即结果变异的最佳“解释因子”），那么这个理论就赢得了比赛。这种定量分析方法在当今社会科学中已成为默认程序——研究者一次又一次地重复这一过程，往往是因为缺乏其他替代方法。

在净效应方法中，估计自变量效应是基于这样一种假定，即每个变量能够独立地影响结果的水平或概率。虽然将“前因”和“自”作为变量的同义修饰语是常见的，但**“自”**这一修饰语的核心含义与自主能力有关。具体而言，尽管存在**其他变量的值或水平**（即不考虑这些变量所定义的不同情境），但每个自变量都被假定能独立地影响结果的水平或概率。因此，净效应估计值具有**可加性**，即某一给定自变量对结果的净效应在其他自变量及其不同组合的所有取值上都是相同的。为了估计一个给定变量的净效应，研究者通过从每个变量的效应估计中减去与其他前因变量共享的解释变异来抵消竞争前因变量的影响。净效应的核心含义是计算每个自变量对解释结果变异的不重叠贡献。重叠度是相关性的直接函数。一般来说，自变量之间的相关性越大，净效应越小。

不明确的理论和净效应思维之间存在着重要的潜在联系。当理论薄弱时，它们只提供社会现象的一般特征，而不能解释因果复杂性。对相关情境和范围条件的明确描述很少，对前因条件如何改变彼此的切题性或影响的明确描述也很少（即它们如何显示出不可加性）。如果研究者能够从社会科学的大多数理论中找到潜在相关的前因条件的一致清单，那么他们是幸运的，因为典型理论很少提供明确的指导。这种指导空缺便由线性可加模型填补，这一模型重点评估一般的净效应。研究者经常宣称他们采用线性可加模型，因为它是“最简单、合适的”模型，并且对因果关系的性质做了“最少的假定”。在此观点下，可加性（即因果简单性）是默认状态；对不可加性的任何分析都需要明确的理论认可，而这通常是缺乏的。

这种对净效应计算普遍的重视与以下观念相吻合：社会科学研究的首要目标是评估竞争理论有关变量的相对解释力。净效应计算提供了对每个理论变量的非重叠效应的明确定量评估。因此，净效应计算为理论判断提供了坚实的基础，为使用这些方法提供了正当理由。然而，理论往往并不直接相互对立，因而并不是真正的竞争。毕竟典型的社会科学理论只不过是一个整体的缩影（general portrait）。因此，使用净效应方法可能会在研究中产生不必要，甚至是不可能的理论判断。

净效应方法的问题

净效应方法存在几个问题，特别是当它被看成产生有用社会科学知识的唯一或首要手段时。这些问题包括实践问题和概念问题。

一个基本的实践问题是，**净效应的评估依赖于模型设定**。自变量净效应的估计受其与竞争变量相关性的显著影响。如果限制有相关性的竞争变量的数量，那么被研究的自变量可能对结果产生相当大的净效应；如果不断地将竞争变量增加到模型中，则其净效应可能会降至零。净效应估计对模型设定的依赖性是众所周知的，这就解释了为什么定量研究者对“正确”设定模型的重要性进行了深入的学习。然而，正确的模型设定取决于强大的理论和深入且丰富的知识，这两者在净效应方法的应用中通常是缺乏的。

模型设定的重要性在第 11 章 Herrnstein 和 Murray（1994）进行**贝尔曲线**分

析时所使用的全国青少年纵向调查数据集的许多分析中都有明显的体现。在这项工作中，Herrnstein 和 Murray 报告了，来自被视为一般智力测试的军队资格测试（Armed Forced Qualifying Test，AFQT）的测试得分对结果（如贫困）有非常强的净效应。他们发现，AFQT 得分越高，贫困的可能性越低。相反，Fischer 等（1996）使用相同的数据和相同的估计技术（逻辑 logistic 回归），却发现 AFQT 得分对贫困的净效应很弱。这两个分析之间的关键区别在于 Herrnstein 和 Murray 只选择少数变量与 AFQT 得分竞争，通常只有一个或两个，而 Fischer 等放进了许多竞争变量。对 AFQT 得分净效应的估计哪一个是正确的呢？答案取决于哪种模型设定被认为是正确的。因此，关于净效应的争论常常在模型设定方面僵持不下。**虽然社会科学家倾向于认为变量越多越好，正如 Fischer 等的分析，但拥有太多自变量也可能导致设定误差和产生无法解释的结果（Achen，2005a）。**

一个相关的实践问题是，社会科学家感兴趣的许多自变量都是彼此高度相关的，因此它们对于给定的结果只有相当小的不重叠效应。比如，贝尔曲线争议就是一个例证。AFQT 得分和原生家庭的社会经济状况高度相关，这两个变量与其他潜在的相关前因条件同样是高度相关的，例如，受教育年限、邻居和学校特点等（Fischer et al.，1996）。因为社会不平等间的重叠作用，自变量间的得分往往会趋于一致，即 AFQT 得分越高，家庭背景越好，学校越好，邻居越好等。当然，这些相关性并不会完全重叠，因此，有可能从数据中挤出这些自变量净效应的估计值。尽管如此，这种压倒性的实证模式是一种混淆效应（confounded effect)，集聚了有利条件与不利条件，而不是分析性的可分离的自变量。社会科学家知道社会不平等的作用是，因为它们重叠，所以它们得到加强，正是它们的重叠作用赋予它们力量和持久性。鉴于社会现象的这一特点，对量化的社会科学家来说，他们几乎完全依赖于支持估计每个前因变量分离、独立的净效应的技术似乎有些违反直觉。

更一般地说，虽然检验自变量之间的相关性（例如，AFQT 得分与家庭背景之间的相关性强度）和相应地调整净效应估计值是有用的，但整体性地研究案例，将其视为属性的特定组态也是有用的。按照这一视角，案例以不同方式组合了前因的相关特征，评估这些不同组合的结果很重要。例如，考虑如何避免贫困，大学教育对高收入家庭的已婚白人男性有重大影响吗？可能没有影响，或者至少没有太大影响。但大学教育可能会对低收入家庭的未婚黑人女性产生重大影响。通过将案例看成组态，可以进行特定情境的评估，这些评估是根据情况划定界限的。这类评估涉及一些条件问题，这些条件可以促成或阻止原因与结果之间的特定联系（Amenta and Poulsen，1996）。在什么条件下，测试得分对于避免贫困很重要？婚姻在什么条件下重要？白人女性和黑人男性的这些联系是否不同？这些问题超出了传统净效应分析的范围，因为它主要聚焦于情境独立的净效应估计上。

这种组态评估直接关系到更大的社会政策分歧。政策话语往往侧重人（或案例）的类别和种类，而非不同人群间的变量及其净效应。例如，考虑诸如“真正的弱势群体”“工作中的穷人”“福利母亲”等短语，在通常情况下，这些类别包含特征组合。同时，还要考虑到社会政策基本上是关注社会干预的。**虽然知道教育总体上可以减小贫困发生的可能性（即教育对贫困有显著的负向影响）是很好的，但从政策视角来看，了解教育在什么条件下能够产生决定性影响，从而保护弱势群体免于贫困，是更加有用的。**一般来说，净效应是由总体中抽取的样本计算而来的。它不是使用特定种类和类别的案例去进行“结构化、聚焦的比较”(George，1979：54-55）。

最后，虽然净效应计算提供了源于不同理论变量的相对解释力的简单评估，但竞争理论之间的判断并不是社会政策的核心关注点。**哪种理论在解释结果变异（如贫困）时占主导地位，这主要是一个学术问题**。对更大的社会来说，特别是当目标是干预时，重要的问题是确定哪些前因条件在什么情况下起决定性作用，而无所谓条件所依据的理论（通常是模糊的）是什么。

总之，净效应方法虽然是强大和严谨的，却是受限的。它受到本身严谨性的限制，因为它的这一优点也是它的缺点。它的缺点尤其体现在研究案例特点的组合时，特别是重叠的不平等性。鉴于这些缺点，有必要探索一种其他方法，其优点不同于净效应方法。具体而言，净效应方法强调计算每个自变量未受干扰的影响以隔离其独立影响，它可以通过使用明确考虑案例的组合和组态方法来加以平衡和补充。

把焦点转移到案例类别上

广泛的社会科学方法论是一个连续统一体，从小样本、案例导向的定性方法延伸到大样本、变量导向的定量方法。一般来说，社会科学家对这个连续统一体的两端隔开的鸿沟感到惋惜，但他们在进行研究时通常只坚持一端。然而，利用QCA，有可能将案例导向研究的精神和逻辑带到大样本研究中。研究者可以利用这种方法将案例看成组态进行研究，探索相关前因条件组合和结果之间的关系。通过研究前因条件组合，可以揭示促成或阻止特定关系（例如，教育和避免贫困之间）的条件和情境。

QCA 的出发点是根据这一原理，即应根据所显示的相关前因条件组合来审视案例。为了表示条件组合，研究者使用真值表，列出前因条件逻辑上可能的组合，根据所显示的组合对案例进行分类，并列出每个前因条件组合的结果值（通常编码为真或假）。表 10-1 列出了一个简单的假设真值表，其中包含 4 个清晰集（即二分类的）前因条件、1 个结果和 200 个案例。4 个前因条件如下：

1. 被访者是否获得大学学历？
2. 被访者是否在一个至少拥有中产阶级收入的家庭中长大？
3. 被访者的父母是否至少有一位获得了大学学历？
4. 被访者在 AFQT 上得分高吗？

在 4 个前因条件下，有 16 个逻辑上可能的条件组合，条件组合数与表中的行数相同。QCA 的目标是推导出一个逻辑上简化的陈述，以描述与结果相关的不同条件组合。简言之，QCA 以逻辑速记方式总结真值表。

表 10-1 中的假设数据显示了非实验数据的特征：200 个案例不均匀地分布在 16 行中，并且一些条件组合（即行）完全没有案例（每个前因条件组合的案例数量在最后一列中显示）。在净效应方法中，这种不均匀性被认为是自变量间相关产生的结果。通常，前因变量之间的相关性越大，不同前因条件组合的案例分布越不均匀。相反，在 QCA 中，这种不均匀分布被理解为“有限多样性”。鉴于此，4 个前因条件定义了 16 种不同的组合，而 4 个二分化变量实际上构成了一

个有 16 种类别的名义变量。由于在 16 种逻辑上可能存在的组合中只有一个子集存在一些实例，所以该数据集的多样性是有限的（参见第 8 章和第 9 章）。还要注意，只包含少量案例的行没有赋值给它们的结果（参见表 10-1 中的“避免贫困”一列）。当实证证据不足时，不能对行结果做出判断。而按照 QCA，这些行是“逻辑余项”。

表 10-1 具有 4 个前因条件和 1 个结果的假设真值表

	大学学历（C）	高收入家庭（I）	父母受过大学教育（P）	高 AFQT 得分（S）	避免贫困（A）	案例数量
1	0	0	0	0	0	30
2	0	0	0	1	?	3
3	0	0	1	0	?	4
4	0	0	1	1	?	0
5	0	1	0	0	0	25
6	0	1	0	1	0	19
7	0	1	1	0	?	0
8	0	1	1	1	0	20
9	1	0	0	0	?	0
10	1	0	0	1	?	1
11	1	0	1	0	?	0
12	1	0	1	1	?	2
13	1	1	0	0	1	19
14	1	1	0	1	1	22
15	1	1	1	0	1	32
16	1	1	1	1	1	23

在 QCA 中，结果按照集合论标准进行编码。关键问题是评估每行中的个体构成避免贫困集合的一个子集的程度。也就是说，给定行中的案例在什么程度上一致性地避免贫困？当然，完全的子集关系在个体层面的数据中很少见。令人意外的案例总是存在的，例如，具有所有优势的人仍有可能陷入贫困中。使用 QCA，研究者建立规则来确定每一行中的个案与子集关系一致的程度。研究者首先为集合论“一致性”（参见第 3 章和第 7 章）确立一个阈值，观察到的数值必须超过它。例如，一位研究者可能认为，所观察到的避免贫困的案例比例必须超过 0.90 的基准比例。另外，研究者还可以将传统的概率标准应用于这些评估中。例

如，研究者可能会提出，在显著性水平（α）为0.05时，观察到的非贫困人口比例必须显著地高于基准比例0.80。研究者使用的具体基准和α取决于现有的理论和实质性知识。

当真值表是从清晰集构建而来时，每一行集合论的一致性评估很简单。当使用模糊集时，被调用的集合论原理是相同的，但程序更为复杂（参见第3章和第7章）。表10-1的倒数第二列（“避免贫困”）显示了每一行结果的编码，它们是基于一致性得分评估而来的。

组态比较

QCA和净效应方法的主要区别是，后者侧重分析性的可分离自变量及其相关性，而前者侧重被定义为显示相关前因条件组合的案例的类别。总之，净效应方法通过检验变量之间的相关性来构建一般化（generalizations）。QCA以自下而上的方式比较案例组态和在陈述是“真”的情况下构建更加包容的条件设定，从而构建一般化。在相同证据下，相关性和组态间的矛盾观点对分析如何开展具有非常不同的启发。例如，表10-1显示了获得大学学历和避免贫困之间的完全相关关系。也就是说，当结果栏（“避免贫困”）中的值为1（是）时，“大学学历”栏中的值也为1（是），并且当“避免贫困”栏中的值为0（否）时，“大学学历”栏中的值也为0（否）。从净效应的角度来看，这种模式强有力地表明避免贫困的关键就是大学学历。一旦考虑到大学学历的影响（使用表10-1中的假设数据），其他变量就不再对避免贫困的变异有更大的解释力。

然而，使用QCA下结论并不那么容易，因为真值表中存在几种条件组合（即案例类别），其中大学学历存在，但由于案例并不充分，因此结果（避免贫困）是未知的。例如，第9行的条件组合结合了大学学历存在而其他3个条件缺乏。然而，并没有实证案例对应这一条件组合，因此没有办法评估这一条件组合是否与避免贫困有关。正如第8章和第9章所解释的那样，在传统的净效应分析中，这些余项组合通常被纳入解中，但大多数研究者在使用这种方法时是看不到这些组合被纳入分析的。在传统方法中，余项组合实际上是通过假设可加性被变相纳入解中的，可加性假定不管其他自变量取什么值，净效应都是相同的。因此，有限多样性问题和反事实分析都隐藏在隔离每个自变量对结果的影响的分析工作中。

从 QCA 的角度来看，值得注意的是，避免贫困编码为 1（是）的四行都同时包括了大学学历和高收入家庭。因此，根据第 8 章和第 9 章中的论点，尽管大学学历与避免贫困之间在表 10-1 中存在完全的对应关系，但用接受大学教育单独解释避免贫困的结论是不明智的。在使用 QCA 时，很难忽视这一事实——大学学历和高收入家庭这两个条件总是组合起来影响避免贫困这一结果。这两个条件应该会相互加强，共同影响避免贫困这一结果。

模糊集和组态分析

由于清晰集和模糊集在数学上的连通性，表 10-1 可由模糊集数据构建得到（参见第 7 章）。为此，有必要校准每个案例在由前因条件定义的每个集合中的隶属度（例如，在具有高 AFQT 得分的集合中的隶属度），然后评估每个案例在表 10-1 的 16 个前因条件组合中的隶属度。在校准结果（即成功避免贫困的集合）的隶属度之后，可以评估每个前因条件组合构成结果子集证据的一致性。实际上，这些分析评估了每一行所代表的个体一致地避免贫困的程度。这些评估是使用模糊隶属分数进行的，而不是二分化评分，相比清晰集分析，模糊集分析采用了更严格和更高要求的子集关系定义。

如第 7 章所述，真值表可用来总结这些模糊集评估的结果。在这个例子中，将有 16 个模糊集评估，因为有 4 个模糊集前因条件，所以共有 16 个组态隶属分数。更一般地说，模糊集评估的数量是 2^k 个，其中 k 为前因条件个数。结果真值表的行代表不同的条件组合。例如，真值表的第 4 行描述了在～C・～I・P・S 条件组合中的隶属度。

需要注意的是，在模糊集分析中，有限多样性的问题从二分化前因条件的 k 维（k-way）交叉表中的“空白单元格”（即真值表中的逻辑余项行）转变为 k 个模糊集维度的向量空间中的空白（或大部分空白）扇形区域（vacant sectors）。由模糊集构建的多维向量空间有 2^k 个扇形区域，每个案例在向量的所有扇形区域中均有不同程度的隶属，在一些向量空间扇形区域中，可能有很多强隶属的案例，在其他扇形区域中，可能没有强隶属的案例。换句话说，在自然存在的社会数据中，由前因条件定义的向量空间的很多扇形区域都是缺乏案例的，正如二分化前因条件的 k 维交叉表会产生大量的空白单元格一样，都是很常见的。为解决第 8 章和第 9 章的清晰集分析中的有限多样性问题而开发的工具同样也可以用来解决模糊集分析中的有限多样性问题，即构建真值表来总结模糊集评估的结果。

模糊集真值表中的结果列显示了 2^k 个模糊集评估的结果。也就是说，它是对每行前因条件组态中的隶属度是不是结果中隶属度的模糊子集的评估结果。真值表检验实际上就是分析 2^k 个模糊集的因果陈述。接下来，真值表分析的最终产出是对这些陈述的逻辑综合，这些综合描述了不同前因条件组合通过模糊子集关系与结果发生的联系。

展望

第 11 章将使用大样本数据集——Herrnstein 和 Murray（1994）的**贝尔曲线**分析数据，完整地演示社会科学研究中模糊集分析的过程。将使用相同数据做两个对比分析——逻辑回归的传统净效应分析和真值表的模糊集分析。结果表明，模糊集方法提供净效应分析中绕过的内容，即密切关注作为组态的案例及与结果相联系的不同条件组合。

第11章

净效应与组态：实证演示

CHAPTER11

本章以实例演示的方式对净效应思维进行了批判，这是通过使用同一大样本的政策相关数据集对分别使用传统净效应分析和本书中提出的方法进行对比来实现的。该数据集为全国青少年纵向调查（NLSY）数据，在Herrnstein和Murray于1994年出版的《贝尔曲线》（*The Bell Curve*）著作中，以贝尔曲线数据著称。虽然这两种方法在几个重要方面都有所不同，但关键的区别是净效应分析侧重于前因变量对结果的独立影响，而组态分析则关注前因条件组合并尝试建立特定条件组合和结果之间的明确联系。这种组态分析方法称为模糊集定性比较分析，它将模糊集的使用与作为组态的案例分析结合起来，这是案例导向的社会科学研究的核心特征（Ragin，1987）。在模糊集方法中，每个案例都被检查其在不同前因条件组合上的隶属度。使用fsQCA，研究者可以考虑案例在特定前因条件逻辑上可能的所有组合中的隶属度，然后使用集合论方法（逻辑上规范的方式）来分析前因条件组合和结果间变化的联系。

本书提供的组态分析并不是要替代净效应分析，而是作为一种互补技术。最好将fsQCA理解为基于集合论的探索或解释技术。虽然概率标准可以被纳入fsQCA，但它本身并不是一种推理技术。这是分析证据的一种替代方法，起始于对社会科学家所寻求的“发现”类别提出截然不同的假定。这些备选假定反映了定性研究的逻辑和精神，研究者将案例作为组态进行研究，并着眼于案例的不同部分或方面如何匹配在一起。

贝尔曲线数据的净效应分析

在《贝尔曲线》一书中，Herrnstein 和 Murray 运用基本的逻辑回归分析来衡量 AFQT 得分对各种结果的重要性。他们在分析中仅仅控制了两个竞争变量——被访者的年龄（在 AFQT 执行时）和父母的社会经济地位（socioeconomic status，SES）。他们的核心发现是，在考虑避免贫困等主要生活结果时，AFQT 得分（他们将其解释为一般智力的衡量指标）比父母 SES 更重要。他们把这一发现和相关发现解释为：在现代社会中，“智力”（他们声称是天生的）已经成为影响生活机会的最重要因素。他们的解释关注的是工作的性质发生了变化，并且当今更高的劳动力市场溢价与高认知能力相关联。

表 11-1 列出了 Herrnstein 和 Murray 对存在 / 不存在贫困（不存在贫困值为 1）这个二分类变量的回归结果。回归分析使用了父母 SES 和 AFQT 得分的 z 标准化数据来更好地比较它们的效应。如表 11-1 所示的分析仅限于黑人男性数据，该分析中使用的所有变量以及本章报告的后续分析（包括模糊集分析）都有完整的数据。尽管对父母 SES 的影响进行了统计控制，但 AFQT 得分的显著正向影响反映了贝尔曲线的结果。

表 11-1　AFQT 得分、父母 SES 和年龄对避免贫困的逻辑回归（贝尔曲线模型，黑人男性样本）

	B	S.E.	Sig.	Exp (B)
AFQT（z 标准化）	0.651	0.139	0.000	1.917
父母 SES（z 标准化）	0.376	0.117	0.001	1.457
年龄	0.040	0.050	0.630	1.040
常数项	1.123	0.859	0.191	3.074

注：卡方值为 53.973，自由度为 3，B 为回归系数，S.E. 为回归系数的标准误，Sig. 为统计显著性。

1996 年，加利福尼亚大学伯克利分校社会科学研究团队（由 Claude Fischer、Michael Hout、Martin Sanchez Jankowsk、Samuel Lucas、Ann Swidler 和 Kim

Voss 组成）对贝尔曲线的“论题”进行了反驳。在 *Inequality By Design* 一书中，他们对 NLSY 数据进行了更精细的逻辑回归分析。逐步地，他们纳入越来越多的前因条件（例如，邻居和学校特征），他们认为这些前因条件应该被视为 AFQT 得分的竞争变量。在他们看来，AFQT 得分在贝尔曲线分析中之所以具有显著影响，仅仅是因为 Herrnstein 和 Murray（1994）进行的逻辑回归模型存在严重的欠设定（underspecified）的问题。为了修补这个问题，Fischer 等（1996）纳入了超过 15 个控制变量。虽然这种“想把一切能纳入模型的变量都纳入进来”的模型设定显著地降低了 AFQT 得分对避免贫困的影响，但他们也受到了指责：过度包含的模型设定也是不当的。

表 11-2 报告了仅使用适度数量的自变量对避免贫困进行逻辑回归分析的结果。具体而言，贫困的存在 / 不存在（不存在值为 1）在五个自变量上进行回归，自变量包括 AFQT 得分、父母收入、教育年限、婚姻状况、有无孩子。其中对三个定距变量进行 z 标准化转化以更好地比较它们的效应。与以往的分析一样，该表仅显示黑人男性被访者的结果。模型设定纳入五个自变量，比 Herrnstein 和 Murray 的模型设定更完备，比 Fischer 等的模型更简洁。换句话说，这里的逻辑回归分析试图在两个极端设定之间取得平衡，只关注几个最重要的前因条件。表 11-2 报告的结果与 Herrnstein 和 Murray 及 Fischer 等的回归结果是一致的。研究表明，AFQT 得分对避免贫困有独立的影响，但并不像 Herrnstein 和 Murray 所报告的那么强。与 Fischer 等的研究结果一致，表 11-2 显示了竞争性前因条件的显著作用，尤其是教育年限和婚姻状况，贝尔曲线分析不包括这些条件。

表 11-2　AFQT 得分、父母收入、教育年限、婚姻状况和有无孩子对避免贫困的逻辑回归（黑人男性样本）

	B	S.E.	Sig.	Exp（B）
AFQT 得分（z 标准化）	0.391	0.154	0.011	1.479
父母收入（z 标准化）	0.357	0.154	0.020	1.429
教育年限（z 标准化）	0.635	0.139	0.000	1.887
婚姻状况（已婚为 1，未婚为 0）	1.658	0.346	0.000	5.251
有无孩子（有孩子为 1，无孩子为 0）	−0.524	0.282	0.063	0.592
常数项	1.970	0.880	0.025	7.173

注：卡方值为 104.729，自由度为 5，B 为回归系数，S.E. 为回归系数的标准误，Sig. 为统计显著性。

更一般地说，表 11-2 验证了净效应分析的设定依赖性。例如，如果教育年限作为竞争前因变量被“接受”(并且不被视为 AFQT 得分的衍生变量)，那么它明显比测试得分更重要。同样，对黑人男性来说，婚姻状况对避免贫困的可能性影响很大。由表 11-2 可知，已婚黑人男性比未婚黑人男性避免贫困的可能性高出 5 倍以上。与所有的净效应分析一样，这些结果依赖于设定，少量的竞争自变量就会大大降低 AFQT 得分对避免贫困影响的估计，这对贝尔曲线产生了实质性的质疑。

使用 fsQCA 重新分析贝尔曲线数据

任何模糊集分析的成功与否取决于模糊集的仔细构建和校准。清晰集和模糊集分析的核心是对集合理论关系的评估，例如，评估前因条件组合的集合隶属是否可以被认为是给定结果集合隶属的一致性子集。如果某一个（前因条件或前因条件组合）集合（如父母高收入、大学教育、高测试得分等）的隶属分数一致性小于或等于某一结果集合（例如，避免贫困）的隶属分数，那么模糊子集关系存在。因此，如何构建模糊集以及如何校准隶属分数至关重要。严重的错误校准可能会扭曲或破坏集合理论关系的识别。相比之下，传统的变量只需要以有意义的方式变化，它在净效应分析中就是可用的（见第 4 章）。通常，研究者也忽略传统变量的具体度量，因为它是武断的或无意义的。即使在变量存在有意义的度量时，研究者往往也只关注其效应的方向和显著性。

为了校准模糊集隶属分数，研究者必须使用他们的实际知识（见第 5 章）。由此产生的隶属分数在其集合关系上必须有表面效度，尤其它是如何被概念化和标记的。例如，模糊隶属分数 0.25 具有特定的含义——也就是案例位于“完全不隶属”于某一集合（例如，在父母高收入集合中，隶属分数为 0）的点与交叉点（隶属分数为 0.5，隶属或不隶属于某一集合的最大模糊点）的中间位置。正如《模糊集社会科学》一书和本书第 4 章及第 5 章中所解释的那样，在模糊集校准中最重要的是确定构成模糊集的三个定性锚点：完全隶属、交叉点（隶属分数为 0.5）和完全不隶属。本章分析使用的主要模糊集包括结果（避免贫困集合）以及反映 5 种背景特征，即父母收入、AFQT 得分、教育年限、婚姻状况和有无孩子的集合。这些模糊集的校准在本章最后的实用附录中有详细的说明。

这里需要注意的是，把单个定距变量校准为两个模糊集通常可以产生丰富的结果。例如，父母收入这个变量可以分别转化为父母高收入集合和父母低收入集合。由于两个目标概念的不对称性，构建两个模糊集合是有必要的。某一案例完全不隶属于父母高收入集合（隶属分数为 0）并不意味着完全隶属于父母低收入集合（隶属分数为 1），因为它有可能既完全不隶属于父母高收入集合，也没有完全隶属于父母低收入集合。对于逻辑回归分析（见表 11-2）使用的其他两个定距变量——AFQT 得分和教育年限也是如此。这些关键前因条件的**双重编码**具有重要的理论价值。例如，更好的生活机会与拥有高 AFQT 得分有关，还是与没有低 AFQT 得分有关？这个问题尤其重要，因为 Herrnstein 和 Murray（1994）认为拥有高 AFQT 得分（他们解释为具有高认知能力）是在现代社会中成功的关键。

还要注意，“变量”的语言和逻辑并不会直接转化为集合理论。一个案例可能不能隶属于某个变量，例如，强隶属于 AFQT 得分或强隶属于父母收入，但能隶属于某个集合，例如，强隶属于高 AFQT 得分的集合或强隶属于父母高收入的集合。将变量转换为集合需要对目标集合进行仔细的定义和标记，这反过来又为校准隶属度提供了主要依据。因此，在将父母收入等变量转换为模糊集合时，考虑到对单个变量可以创建不同目标集是有益的，特别是考虑到启发和指导研究的理论和实际问题。

总而言之，本章中进行的模糊集分析使用了 8 个前因条件，其中 2 个是清晰集，即婚姻状况和有无孩子，其余 6 个是模糊集，即父母高收入、父母低收入、高 AFQT 得分、低 AFQT 得分、大学教育和高中教育。

在校准模糊集之后，接下来的任务是计算每个案例在 2^k 个逻辑上可能的组合（8 个前因条件）中的隶属度，然后评估案例在这些组合上的分布。在 8 个前因条件下，有 256 个逻辑上可能的条件组合。[1]表 11-3 列出了这 256 个组合中的 42 个组合，在这 42 个组合中至少有 4 个案例的隶属分数大于 0.5。[2]在逻辑上可能的条件组合中，每个案例最多只有一个隶属分数大于 0.5。因此，可以通过检查每个组合的实例数量来评估 256 个条件组合的案例频数。如果某组合中的隶属度没有大于 0.5 的案例，那么就不存在案例偏隶属于条件组合定义的集合（在对应前因条件定义的多维向量空间扇形区域中不存在案例）。

表 11-3 向量空间角的案例分布（42 个组合至少有 4 个案例）

婚姻状况	有无孩子	父母高收入	父母低收入	高 AFQT 得分	低 AFQT 得分	高中教育	大学教育	案例频数	累积比例
0	0	0	1	0	1	1	0	118	0.152
0	0	0	0	0	1	1	0	78	0.253
0	0	0	0	0	0	1	0	53	0.321
1	1	0	0	0	1	1	0	41	0.375
1	1	0	0	0	0	1	0	39	0.425
1	1	0	1	0	1	1	0	34	0.469
0	0	0	1	0	0	1	0	30	0.508
0	0	0	0	0	0	1	1	23	0.537
0	1	0	0	0	1	1	0	22	0.566
0	0	1	0	0	1	1	0	20	0.592
0	1	0	1	0	1	1	0	20	0.618
0	0	1	0	0	0	1	0	19	0.642
1	1	0	1	0	0	1	0	19	0.667
0	0	0	1	0	1	0	0	18	0.690
0	0	0	1	0	0	1	1	12	0.705
0	0	1	0	0	0	1	1	12	0.721
0	0	0	0	0	1	0	0	11	0.735
0	1	0	0	0	0	1	0	11	0.749
1	1	1	0	0	0	1	0	11	0.764
1	1	1	0	0	1	1	0	11	0.778
0	0	0	1	0	1	1	1	10	0.791
1	0	0	1	0	1	1	0	10	0.804

[1] 当然，这 256 个组合中的很多组合实际上是不可能的。例如，一个案例不会同时强隶属于父母高收入集合和父母低收入集合。实际上可能的组合数量为 108 个，这个组合数量仍然使高频组合的数量很少（见表 11-3）。

[2] 另外还有 19 行（在表 11-3 中未显示）有一个、两个或三个案例。其余行均没有隶属度大于 0.5 的案例。

（续）

婚姻状况	有无孩子	父母高收入	父母低收入	高 AFQT 得分	低 AFQT 得分	高中教育	大学教育	案例频数	累积比例
1	1	0	0	0	0	1	1	10	0.817
1	0	0	1	0	0	1	0	9	0.828
1	0	1	0	0	0	1	1	9	0.840
1	1	1	0	0	0	1	1	9	0.851
1	0	0	0	0	0	1	0	7	0.860
1	0	0	0	0	1	1	0	7	0.870
0	0	0	0	0	1	1	1	6	0.877
0	1	0	1	0	1	0	0	6	0.885
1	0	1	0	0	0	1	0	6	0.893
1	0	1	0	0	1	1	0	6	0.901
1	1	0	0	0	1	0	0	6	0.908
0	0	1	0	1	0	1	1	5	0.915
1	1	0	1	0	0	1	1	5	0.921
0	0	0	0	0	0	0	0	4	0.926
0	0	1	0	0	1	1	1	4	0.932
0	1	0	0	0	0	1	1	4	0.937
0	1	0	1	0	0	1	0	4	0.942
1	0	0	0	0	0	1	1	4	0.947
1	1	0	0	0	1	1	1	4	0.952
1	1	0	1	0	1	0	0	4	0.957
所有余下的其他条件组合；行计数 <4									1.000

表 11-3 表明，这里分析使用的数据（以及表 11-1 和表 11-2 中逻辑回归分析使用的数据）存在明显的有限多样性。在八维向量空间内包含的 256 个扇形区域中，只有 42 个扇形区域至少拥有 4 个实例（即至少有 4 个案例的隶属分数大于 0.5），并且表中报告的大多数案例频数都相当小。案例数前两大向量空间扇形区域占据了 25% 的案例，前七大向量空间扇形区域占据了大约 50% 的案例，前十四大向量空间扇形区域占据了近 70% 的案例。拥有较多案例数的向量空间扇形区域数（前十四）甚至小于五维向量空间的扇形区域数（$2^5=32$），即 3 个定距变量（教育年限、父母收入和 AFQT 得分）分别被转换成一个而不是两个模糊集合而构建的五维向量空间的扇形区域数。

在这种大样本模糊集分析中，使用不同扇形区域强实例的分布信息来确定条件组合的强证据阈值是很重要的。具体而言，只有极少强实例的前因条件组合（即只有少数案例在组合中的隶属度大于0.5）应该被过滤出去，不需要进一步实证分析。因为基于只有极少案例个体属性的组合下结论是不明智的，而且，扇形区域中存在低频数的案例可能是由于测量或赋值误差。下面的模糊集分析使用的频数阈值为至少存在10个强实例。选择此值是因为它解释了组合中80%以上的案例。使用这个规则，在这个分析中保留了23个最常见的条件组合。低频行（包括表11-3底部所示的频数范围为4～9）被排除在分析之外。由于这些行没有达到强证据阈值，在接下来的分析中将它们视为“余项”组合。

接下来的任务是评估每个条件组合（表11-3中的23个高频行）与子集关系的一致性。具体来说，有必要确定每个条件组合中的隶属度是不是结果中隶属度的一个子集。正如第1章所述，子集关系用于评估因果的充分性。在模糊集合中，一个子集关系表示：条件组合中的隶属分数（其范围为0.0～1.0）一致性地小于或等于结果中的隶属分数。这些评估将在每次评估中使用所有案例，包括给定组合中的隶属分数小于0.5的案例。这类案例可能是不一致的，它们的不一致性与所探讨的集合理论关系相反。例如，某一案例在某一前因条件组合中的隶属分数为0.4，在结果中的隶属分数为0.2，即便这样的案例在前因条件组合和结果中都是偏不隶属的，但这降低了该组合的一致性分数。

如第3章所述，对每个条件组合与探讨的子集关系的一致性评估可以通过以下公式进行简单的描述测度：

$$一致性\ (X_i \leqslant Y_i) = \sum[\min(X_i, Y_i)]/\sum(X_i)$$

其中，min指取两者中的较小值，X_i指在前因条件组合中的隶属分数，Y_i指在结果中的隶属分数。当所有的X_i是一致的（即所有的X_i均小于或等于相对应的Y_i值）时，一致性分数为1.0。当有一些X_i值显著超过相对应的Y_i值时，一致性分数小于1.0。一般来说，一致性分数小于0.75意味着它实际上偏离了集合理论关系$X_i \leqslant Y_i$。

表11-4报告了表11-3中23个组合与集合理论关系的一致性评估结果，这23个组合达到了强证据阈值（每个组合中至少存在10个案例）。组合的一致性分数范围为0.340～0.986，表明子集关系的满足程度有实质性的分散。在下面的

真值表分析中，将一致性分数至少为 0.80 的 7 个组合视为结果的子集，剩余的 16 个未能满足这个标准。一旦做出这种区分，表 11-4 就可以作为真值表（见第 7 章）进行分析了。基于相邻列中模糊集一致性分数的二分化结果列于表 11-4 的最后一列中。

表 11-4　集合理论一致性评估（23 个组合满足至少 10 个案例频数阈值）

婚姻状态	有无孩子	父母高收入	父母低收入	高 AFQT 得分	低 AFQT 得分	高中教育	大学教育	案例频数	一致性分数	结果
0	0	1	0	0	0	1	1	12	0.986	1
1	1	0	0	0	0	1	1	10	0.893	1
0	0	0	1	0	0	1	1	12	0.892	1
1	1	1	0	0	0	1	0	11	0.884	1
1	0	0	1	0	1	1	0	10	0.876	1
0	0	0	0	0	0	1	1	23	0.864	1
0	0	1	0	0	0	1	0	19	0.830	1
1	1	1	0	0	1	1	0	11	0.792	0
0	0	0	0	0	0	1	0	53	0.788	0
0	0	0	1	0	1	1	1	10	0.767	0
1	1	0	0	0	0	1	0	39	0.754	0
1	1	0	0	0	1	1	0	41	0.706	0
1	1	0	1	0	1	1	0	34	0.657	0
1	1	0	1	0	0	1	0	19	0.641	0
0	0	0	0	0	1	1	0	78	0.636	0
0	0	1	0	0	1	1	0	20	0.620	0
0	0	0	1	0	0	1	0	30	0.617	0
0	1	0	0	0	0	1	0	11	0.578	0
0	0	0	0	0	1	0	0	11	0.498	0
0	0	0	1	0	1	1	0	118	0.482	0
0	1	0	0	0	1	1	0	22	0.402	0
0	1	0	1	0	1	1	0	20	0.376	0
0	0	0	1	0	1	0	0	18	0.340	0

使用 fsQCA（Ragin，Drass，and Davey，2007）可以产生两个真值表解，一个是最简约解，另一个是最复杂解（见第 9 章）。简约解允许纳入任何反事实组合，这有助于产生逻辑上更简约的解。这个真值表的解产生了 3 个相对简单的与避免贫困有关的组合：

married · ～children +

high_income · ～low_AFQT +

college · ～low_AFQT

其中（包括这里和后面的 fsQCA 结果），college 是大学教育的模糊集，high_school 是高中教育的模糊集，low_income 是父母低收入的模糊集，high_income 是父母高收入的模糊集，low_AFQT 是低 AFQT 得分的模糊集，high_AFQT 是高 AFQT 得分的模糊集，children 是至少有一个孩子的清晰集，married 是已婚的清晰集，～表示“非”，“·”表示组合的条件（交集），“+”表示可替代的条件组合（并集）。简约解显示，与避免贫困相关的 3 个条件组合是：①结婚但没有孩子；②父母有高收入，且没有低 AFQT 得分；③拥有大学学历，且没有低 AFQT 得分。

虽然简洁，但这种解纳入了许多反事实的组合（即逻辑余项），而且基于现存的理论和实质性知识（参见第 8 章和第 9 章），纳入其中很多反事实组合是“困难的”。例如，非高中教育、已婚和没有孩子的组合是包含在上面列出解的第一个组合中的。这种组合的实例太少，因此没法基于实例对其进行评估，但简约解假定具有这种组合的个体能够避免贫困，尽管他们还没有完成高中教育。在 256 个逻辑上可能的条件组合中，许多组合没有案例或案例很少（见表 11-3）。刚刚描述的简约解包含许多这样的组合，而不考虑它们的实证合理性，即没有考虑现有的实际知识。

相反，如果研究者评估反事实组合的合理性，可以得到一个不那么简约的（“中间”）解。[㊀]中间解产生于复杂解（这里没有展示）之后，通过纳入一些“简单”的反事实组合而产生中间解，如第 9 章所述。[㊁]**中间解是简约解的子集，复杂解的超集。**

中间解显示，有 5 个条件组合与避免贫困相关：

married · ～children · high_school +

married · high_income · ～low_AFQT · high_school +

㊀ 当点击真值表电子表格底部的标准分析按钮时，软件包 fsQCA 产生三种解（复杂解、简约解和中间解），然后提示用户输入，这是导出中间解的基础。

㊁ 在本分析中纳入中间解产生的实际知识非常简单。例如，假定接受高中教育（而不是完成高中教育）与避免贫困相关，父母的不低收入与避免贫困相关，已婚与避免贫困相关等。

～ children · high_income · ～ low_AFQT · high_school +

～ children · ～ low_AFQT · college +

married · ～ low_income · ～ low_AFQT · college

这 5 个与避免贫困有关的组合在某些方面是相似的，因为它们都包括教育（college 或 high_school）以及家庭组成特点（married、～ children 或两者都有）。其中 4 个组合均包括没有低 AFQT 得分（～ low_AFQT）这个条件，也有 4 个[⊖]组合包括与父母收入相关的条件（high_income 或～ low_income）。这些结果是非常重要的，因为它们证实了与避免贫困有关的前因条件本质上是组合性的，并且将案例视为组态来辨别相关的组合是可能的。

第 9 章提到，在结果的任何呈现中必须包含简约解中的条件（terms），因为这些条件是决定性的前因成分，它们能从达到频数阈值的组合中区分出结果的一致子集和不是结果的子集。因此，这些成分应被视为“核心”前因条件。中间解中新增的成分也是存在于显示一致性结果的案例中的，只有纳入困难的反事实才可以消除这些成分。因此，这些条件是**“补充的”**或**“有贡献的”**条件，它们作为重要的促成因素是讲得通的，并且只有当研究者愿意做出与现有的实际与理论知识不一致的假设时才能从解中被移除。例如，这位研究者可能不得不假设，具有一定特征（例如，没有子女的已婚者）的高中辍学学生能够避免贫困。表 11-5 总结了中间解的 5 个组合且区分了核心和补充的前因条件。此表还报告了每个组合的一致性、原始覆盖度和唯一覆盖度（这些指标的计算参见第 3 章）。

表 11-5 黑人男性避免贫困的组态

	解				
	1	2	3	4	5
Family Status					
Married	●	•			•
Children	⊖		⊝	⊝	
Education					
High school	•	•	•		
College				●	●
Test Score					

⊖ 原文是 4，但这里应该是 3 个组合中包含与父母收入有关的条件。——译者注

（续）

	解				
	1	2	3	4	5
High AFQT					
Low AFQT		⊖	⊖	⊖	⊖
Parental Income					
High income		●	●		
Low income					⊖
一致性	0.92	0.94	0.91	0.92	0.95
原始覆盖度	0.13	0.10	0.14	0.16	0.11
唯一覆盖度	0.07	0.02	0.04	0.06	0.03

注：●代表核心条件存在；⊖代表核心条件缺乏；●代表补充条件存在；⊖代表补充条件缺乏。

根据被访者的家庭状况，对上述的5个组合可以进行分类，并借助一张表对结果进行总结。表11-6显示了不同家庭状况的黑人男性避免贫困的不同“配方”。那些已婚和没有孩子的黑人男性最容易避免贫困，只需要完成高中教育。另一个极端是，未婚且有孩子的黑人男性没有什么路径避免贫困。对未婚和没有子女的黑人男性来说，不低的AFQT得分与大学教育组合或不低的AFQT得分与高中教育、父母高收入组合都可以避免贫困。对已婚且有子女的黑人男性来说，避免贫困的路径相似，但稍微复杂一点，即不低的AFQT得分与大学教育、父母非低收入组合，或者不低的AFQT得分与高中教育、父母高收入组合。简而言之，表11-6显示了家庭情况对避免贫困所需资源具有非常大的影响。

表11-6　模糊集分析结果（按家庭情况分类）

婚姻状况	避免贫穷的配方
已婚，没有孩子	high_school
未婚，没有孩子	～low_AFQT·(college + high_school·high_income)
已婚，有孩子	～low_AFQT·(college·～low_income + high_school·high_income)
未婚，有孩子	{Ø}

除了揭示黑人男性避免贫困的组合复杂性之外，这些结果还挑战了 Herrnstein 和 Murray（1994）提供的 AFQT 得分的解释。回想一下，他们论证的核心是工作的性质发生了变化，当今劳动力市场对高认知能力给予了高度评价。他们想象的画面是，社会上有很多职位给那些拥有认知天赋的人，但对那些认知能力一般的人来说，职位很少。本节展示的结果是明确的：在避免贫困方面，真正重要的是测试得分不低。换句话说，遵循 Herrnstein 和 Murray（1994）的观点，人们会认为高认知技能是这些解中常见的成分；相反，本节表明认知能力的障碍要低得多，关键是认知能力不低，这反过来表明，在当今世界中一般的认知能力仍然是足够的。当然，这种解释假设人们认可 AFQT 得分表征认知能力。根据许多贝尔曲线论文批评者的观点，AFQT 得分显示了文化资本的习得。鉴于此，这里展示的结果表明，努力避免贫困的一个因素是拥有至少适度的文化资本。

讨论

这里展示的结果是对贝尔曲线数据进行模糊集分析得出的初步结果。这个例证研究的主要目标是基于相同数据源对比净效应分析和组态分析。

这两种方法之间的对比很明显。净效应分析的结果用分离的变量表示。他们提供了解释结果（避免贫困）变异的竞争性结论。教育和婚姻状况赢得了这场比赛，但尽管竞争激烈，AFQT 得分并没有被淘汰，因为它有适度的净效应（比较表 11-1 和表 11-2）。逻辑回归结果没有提及前因组合问题，前因组合分析需要检验复杂的交互模型。例如，检验一个饱和的交互模型，需要在一个单一方程中估计 32 个系数。即使可以估计这样的模型（极端共线性使得这项任务不可行），该模型实际上也不可能被解释。

还要注意，在逻辑回归分析中，可加性和线性的假设允许估计由 5 个自变量定义的向量空间的所有 32 个扇形区域对结果发生概率的影响，而不考虑这些扇形区域是否有案例存在。因此，净效应方法不仅假设给定变量的效应相同（尽管有其他变量的取值），还假设线性关系能超出观测值范围推导出来，从而以间接和隐蔽的方式解决有限多样性问题。为了得到向量空间中任意点避免贫困的概率的估计值，只需将该点的坐标插入方程中并计算预测值即可。因此，有限多样性问题完全被回避了。

相反，有限多样性问题在组态分析中不容回避。如表 11-3 所示，自然发生的数据在其多样性方面受到极大的限制。当研究者检查案例在逻辑上可能的条件组合中的分布情况时，尤其是条件较多时，这一事实很明显。正如这里展示的分析表明的，有限多样性问题没能因为大样本案例而得到补救。

当以组态视角看待案例时，可以识别与结果相联系的不同条件组合。本章展示的组态分析结果表明，美国黑人男性有几种避免贫困的路径。所有路径都包括某种教育资格（高中或大学）和有利的家庭组成（已婚、无子女又或两者兼有）。不低的 AFQT 得分是其中 4 种路径中的一个条件，父母高收入或非低收入也是其中 4 种[㊀]路径中的条件。Herrnstein 和 Murray（1994）在说明其研究意义时，声称如果在出生时可以在高 AFQT 得分和父母高社会经济地位（或父母高收入）之间进行选择，那么高 AFQT 得分是更好的选择。模糊集分析结果强调了这样一个事实，即选择实际上是关于条件的组合（关于“配方”）而不是个体变量的。简而言之，选择不低的 AFQT 得分，本身并不能保护贫困人群。本章介绍的组态分析清楚地表明，避免贫困需要 AFQT 得分与其相关的资源进行组合。

实用附录：模糊集分析中的校准

如前所述，模糊集校准是模糊集分析的核心。校准错误会扭曲集合理论的评估结果。校准遵循的主要原则是：①必须仔细定义和标记目标集合；②模糊集分数必须基于实际知识和现有研究文献以反映外部标准。虽然有些人可能会考虑校准决策不适当的影响，并将模糊集校准描述为缺陷（liability），但实际上它是一种优势（strength）。因为校准很重要，所以研究者必须认真关注其模糊集的定义和构建，不得不承认实际知识本质上是分析的前提条件。本章分析的模糊集包括结果——避免贫困的集合，以及反映各种背景特征和条件的集合。下面将更详细地讨论这些模糊集。

㊀ 这里应该是 3 种。——译者注

避免贫困。为了构建避免贫困的模糊集合，本书使用由 NLSY 提供的针对家庭规模调整的官方贫困门槛，Herrnstein 和 Murray（1994）以及 Fischer 等（1996）也采用了相同的测度。Herrnstein 和 Murray 以及 Fischer 等在逻辑回归分析中将贫困状态变量处理为二分化因变量。然而，他们使用二分类法将家庭收入刚好高于贫困门槛的家庭和那些收入远高于贫困门槛的家庭（如舒适的中上层家庭）归为一类。模糊集程序避免了这一问题，它基于家庭收入与该家庭的贫困水平的比值。使用直接法对模糊集进行校准（见第 5 章），将比值 3.0（家庭收入是贫困水平的 3 倍）作为校准非贫困家庭集合的完全隶属临界值（0.95），将比值 2.0（家庭收入是贫困水平的 2 倍）作为交叉点临界值（0.5），以及将比值 1.0（家庭收入与贫困水平相同）作为完全不隶属于非贫困家庭集合的临界值（0.05）。

高中和大学教育。NLSY 使用"完成的最高学历"来衡量受教育程度（人力资源研究中心，1999：138）。这个变量将受教育年限直接转化为学历（即完成 12 年教育是高中学历，完成 16 年是大学学历）。接受 12 年或更长时间教育的被访者完全隶属于高中教育集合（1.0）。另外，那些只接受了小学教育（即受教育年限为 6 年或更少）的被访者完全不隶属于高中教育集合（0.0）。具体校准：受教育年限的模糊集分数分别为 11 年 = 0.75，10 年 = 0.60，9 年 = 0.45，8 年 = 0.30，7 年 = 0.15。至于大学教育集合，教育年限为 16 年或更长时间是完全隶属临界值（1.0），12 年或更少时间是完全不隶属临界值（0.0）。中间受教育年限：13 年 = 0.2，14 年 = 0.40，15 年 = 0.6。

父母收入。父母收入的衡量标准以 1978 年和 1979 年报告的净家庭总收入平均值为基础，以 1990 年的美元为计算标准。这与 Fischer 等使用的测度标准相同，并由 Richard Arum 提供。这些数据用于创建两个模糊集合：父母低收入的研究对象集合和父母高收入的研究对象集合。

父母低收入模糊集与贫困家庭模糊集的构建相似。首先，根据 1979 年官方的贫困门槛（经家庭规模调整后）使用 NLSY 数据计算父母收入与贫困水平的比值。使用直接法对模糊集进行校准（参见第 5 章），将比值 1.0（父母收入与贫困水平相同）作为校准父母低收入集合的完全隶属临界值（0.95）。比值小于或等于 1.0 的模糊集分数大于 0.95。相反，选择比值 3.0（父母收入是贫困水平的 3 倍）作为校准父母低收入集合的完全不隶属临界值（0.05）。比值大于 3.0 的模糊集分数小于 0.05。比值中间点 2.0（父母收入是贫困水平的 2 倍）是其交叉点。

贫困率（父母收入除以经家庭组成调整后的贫困水平）的多倍值也被用来构建父母高收入模糊集。其中完全不隶属临界值（0.05）为 3.0，交叉点临界值（0.5）为 5.5(父母收入是贫困水平的 5.5 倍)，以及完全隶属临界值（0.95）为 8.0（父母收入是贫困水平的 8 倍）。完全隶属临界值大约是父母收入中位数的 3 倍，而交叉点临界值大约是父母收入中位数的 2 倍。然后，使用模糊集校准的直接法来校准该集合的隶属度。

AFQT 得分。Herrnstein 和 Murray 使用的 AFQT 得分是根据美国国防部于 1976 年引入的军队资格测试得来的，其用来确定入伍资格。为了构建高 AFQT 得分和低 AFQT 得分的模糊集，本书依赖于国防部对被试者得分的分类。因此，这些模糊集的校准基于军方做出的实际决策。

军方根据百分位数将 AFQT 得分分为五类。这五个类别具有实质性的重要性，因为它们决定了资格认定和分配到不同的资格认证组。第Ⅰ类（第 93 ～ 99 百分位数）和第Ⅱ类（第 65 ～ 92 百分位数）的人被列为可训练性高于平均水平；第Ⅲ类（第 31 ～ 64 百分位数）大约为平均值；第Ⅳ类（第 10 ～ 30 百分位数）被列为可训练性低于平均水平；而第Ⅴ类（第 1 ～ 9 百分位数）的可训练性明显低于平均水平。为了确定入伍资格，国防部利用了能力和教育的双重标准。关于能力，目前的法定最低标准是第 10 个百分位数，这意味着那些在第Ⅴ类（第 1 ～ 9 百分位数）得分的人不符合服兵役条件。此外，第Ⅳ类（第 10 ～ 30 百分位数）得分的人也不符合入伍条件，除非他们至少完成了高中教育。法律进一步要求，第Ⅳ类被试者所占比例不超过 20%，这进一步表明，这一类别的被试者与第Ⅰ～Ⅲ类被试者有很大的不同。㊀

本书使用被试者的 AFQT 得分百分位数来构建低 AFQT 得分模糊集。将 AFQT 得分的第 10 个百分位数作为校准低 AFQT 得分集合的完全隶属阈值（0.95），这与军方使用的标准一致；AFQT 得分低于第 10 个百分位数的被试者的模糊集分

㊀ 当然，随着入伍人数的增加，这些标准也允许发生变化。

数大于 0.95。交叉点临界值（0.5）为 AFQT 得分的第 20 个百分位数，完全不隶属临界值为第 30 个百分位数，它们再次反映了军方对 AFQT 得分的实际应用。AFQT 得分高于第 30 个百分位数的被试者的模糊集分数小于 0.05。

高 AFQT 得分模糊集的完全隶属临界值（0.95）为 AFQT 得分的第 93 个百分位数，这与军方对最高分类下界的设定一致；交叉点临界值（0.5）为 AFQT 得分的第 80 个百分位数；完全不隶属临界值（0.05）为第 65 个百分位数，即军方设定的第二高 AFQT 类别的下界。

家庭组成。家庭组成主要有两部分：被访者是否结婚以及家庭中是否有孩子。在 NLSY 数据集中，已婚 / 未婚和有孩子 / 无孩子的所有四种组合的出现频率都很高。被试者的婚姻状况被编码为清晰集，其中 1990 年已婚的被试者婚姻状况值为 1。一般而言，已婚人士不太可能陷入贫困。尽管 Fischer 等使用了被访者在 1990 年实际有孩子的数量，但这里有孩子被编码为清晰集。理由是，成为父母会施加某些地位和生活方式的限制。正如任何家长都很容易证明，从生活方式和生活水平的角度来看，从没有孩子到成为父母的转变要比拥有第二个或第三个孩子更为重大。一般来说，有孩子的家庭比没有孩子的家庭更有可能陷入贫困。在避免贫困方面，最有利的家庭组合是已婚、无孩子的组合，最不利的组合是未婚、有孩子的组合。

参考文献

Achen, Christopher. 2005a. "Let's Put Garbage-Can Regressions and Garbage-Can Probits Where They Belong." *Conflict Management and Peace Science* 22: 327–39.

———. 2005b. "Two Cheers for Charles Ragin." *Studies in Comparative International Development* 40: 27–32.

Allison, Paul D. 1977. "Testing for Interaction in Multiple Regression." *American Journal of Sociology* 82: 144–53.

Amenta, Edwin, and Jane Duss Poulsen. 1996. "Social Politics in Context: The Institutional Politics Theory and Social Spending at the End of the New Deal." *Social Forces* 75: 33–60.

Becker, Howard S. 1958. "Problems of Inference and Proof in Participant Observation." *American Sociological Review* 23: 652–60.

Berg-Schlosser, Dirk. 2002. "Macro-Quantitative vs. Macro-Qualitative Methods in the Social Sciences—Testing Empirical Theories of Democracy." COMPASSS Working Paper 2002-2. www.COMPASSS.org/wp.htm.

Bollen, Kenneth. 1989. *Structural Equations with Latent Variables.* New York: Wiley Interscience.

Boswell, Terry, and Cliff Brown. 1999. "The Scope of General Theory. Methods for Linking Deductive and Inductive Comparative History." *Sociological Methods and Research* 28: 154–85.

Brady, Henry E. 2003. "Models of Causal Inference: Going beyond the Neyman-Rubin-Holland Theory." Paper presented at the Annual Meeting of Midwest Political Science Association, Chicago, April 4.

Brady, Henry, and David Collier, eds. 2004. *Rethinking Social Inquiry: Diverse Tools, Shared Standards.* Lanham, MD: Rowman and Littlefield.

Braumoeller, Bear. 2003. "Causal Complexity and the Study of Politics." *Political Analysis* 11: 208–33.

Braumoeller, Bear, and Gary Goertz. 2000. "The Methodology of Necessary Conditions." *American Journal of Political Science* 44: 844–58.

Brueggemann, John, and Terry Boswell. 1998. "Realizing Solidarity: Sources of Interracial Unionism during the Great Depression." *Work and Occupa-*

tions 25: 436–82.
Byrne, David. 2002. *Interpreting Quantitative Data*. London: Sage.
Center for Human Resource Research. 1999. *NLSY79 User's Guide*. Columbus, OH: The Ohio State University.
Cicourel, Aaron V. 1964. *Method and Measurement in Sociology*. New York: Free Press.
Clément, Caty. 2004. "Un modèle commun d'effondrement de l'Etat? Une AQQC du Liban, de la Somalie et de l'ex-Yougoslavie." *Revue Internationale De Politique Comparée (RIPC)* 11: 35–50.
Cronqvist, Lasse. 2004. "Presentation of TOSMANA: Adding Multi-Value Variables and Visual Aids to QCA." COMPASSS Working Paper 2004-16. www.COMPASSS.org/wp.htm.
De Meur, Gisèle, and Benoît Rihoux. 2002. *L'Analyse Quali-Quantitative Comparée: Approche, Techniques et applications en sciences humaines*. Louvain-la-Neuve: Bruylant-Academia.
Dion, Douglas. 1998. "Evidence and Inference in the Comparative Case Study." *Comparative Politics* 30: 127–45.
Duncan, Otis Dudley. 1984. *Notes on Social Measurement*. New York: Russell Sage Foundation.
Eckstein, Harry. 1975. "Case Study and Theory in Political Science." In *Handbook of Political Science, Vol. 7: Strategies of Inquiry*, ed. F. I. Greenstein and N. W. Polsby. Reading, MA: Addison-Wesley.
Elster, Jon. 1978. *Logic & Society: Contradictions and Possible Worlds*. New York: John Wiley & Sons.
Fearon, James D. 1991. "Counterfactuals and Hypothesis Testing in Political Science." *World Politics* 43: 169–95.
———. 1996. "Causes and Counterfactuals in Social Science: Exploring an Analogy between Cellular Automata and Historical Processes." In *Counterfactual Thought Experiments in World Politics*, ed. P. E. Tetlock and A. Belkin. Princeton, NJ: Princeton University Press.
Fischer, Claude S., Michael Hout, Martin Sanchez Jankowsk, Samuel Lucas, Ann Swidler, and Kim Voss. 1996. *Inequality By Design: Cracking the Bell Curve Myth*. Princeton, NJ: Princeton University Press.
George, Alexander. 1979. "Case Studies and Theory Development: The Method of Structured, Focussed Comparison." In *Diplomacy: New Approaches in History, Theory and Policy*, ed. Paul G. Lauren. New York: Free Press.
George, Alexander, and Andrew Bennett. 2005. *Case Studies and Theory Development*. Cambridge, MA: MIT Press.
Glaser, Barney, and Anslem Strauss. 1967. *The Discovery of Grounded Theory: Strategies for Qualitative Research*. New York: Weidenfeld and Nicholson.
Goertz, Gary. 2002. "The Substantive Importance of Necessary Condition Hypotheses." In *Necessary Conditions: Theory, Methodology, and Applications*, ed. Gary Goertz and Harvey Starr. New York: Rowman and Littlefield.
———. 2003. "Assessing the Importance of Necessary or Sufficient Conditions in Fuzzy-Set Social Science." COMPASSS working paper WP2003-7. www.COMPASSS.org/wp.htm.

——. 2006. *Social Science Concepts: A User's Guide.* Princeton, NJ: Princeton University Press.

Goertz, Gary, and Harvey Starr, eds. 2002. *Necessary Conditions: Theory, Methodology, and Applications.* New York: Rowman and Littlefield.

Hawthorn, Geoffrey. 1991. *Plausible Worlds: Possibility and Understanding in History and the Social Sciences.* New York: Cambridge University Press.

Herrnstein, Richard, and Charles Murray. 1994. *The Bell Curve: Intelligence and Class Structure in American Life.* New York: Free Press.

Hicks, Alexander, Joya Misra, and Tang Nah Ng. 1995. "The Programmatic Emergence of the Social Security State." *American Sociological Review* 60: 329–49.

Holland, Paul W. 1986. "Statistics and Causal Inference." *Journal of the American Statistical Association* 81: 945–60.

Katz, Jack. 1982. *Poor People's Lawyers in Transition.* New Brunswick, NJ: Rutgers University Press.

King, Gary, Robert O. Keohane, and Sidney Verba. 1994. *Designing Social Inquiry: Scientific Inference in Qualitative Research.* Princeton, NJ: Princeton University Press.

King, Robert L., and Arch G. Woodside. 2000. "Qualitative Comparative Analysis of Travel and Tourism Purchase-Consumption Systems." *Tourism Analysis* 5: 105–11.

Kitchener, Martin, Malcolm Beynon, and Charlene Harrington. 2002. "Qualitative Comparative Analysis and Public Services Research: Lessons from an Early Application." *Public Management Review* 4: 485–504.

Kittel, Bernhard, Herbert Obinger, and Uwe Wagschal. 2000. "Wohlfahrtsstaaten im internationalen Vergleich. Politisch-institutionelle Faktoren der Entstehung und Entwicklungsdynamik." In *Der "gezügelte" Wohlfahrtsstaat: Sozialpolitik in Australien, Japan, Schweiz, Kanada Neuseeland and den Vereinigten Staaten,* ed. Herbert Obinger and Uwe Wagschal. Frankfurt: Campus Verlag.

Kosko, Bart. 1993. *Fuzzy Thinking: The New Science of Fuzzy Logic.* New York: Hyperion.

Laitin, David. 1992. *Language Repertoires and State Construction in Africa.* New York: Cambridge University Press.

Lakoff, George. 1973. "Hedges: A Study in Meaning Criteria and the Logic of Fuzzy Concepts." *Journal of Philosophical Logic* 2: 458–508.

Lieberson, Stanley. 1985. *Making It Count: The Improvement of Social Research and Theory.* Berkeley: University of California Press.

——. 1992. "Small N's and Big Conclusions: An Examination of the Reasoning in Comparative Studies Based on a Small Number of Cases." In *What Is a Case?* ed. Charles Ragin and Howard Becker, 105–18 . New York: Cambridge University Press.

——. 1998. "Causal Analysis and Comparative Research: What Can We Learn from Studies Based on a Small Number of Cases?" In *Rational Choice Theory and Large-Scale Data Analysis,* ed. Hans Peter Blossfeld and Gerald Prein. Boulder, CO: Westview.

Lindesmith, Alfred. 1947. *Opiate Addiction.* Bloomington, IN: Principia Press.

Mackie, John L. 1965. "Causes and Conditionals." *American Philosophical Quarterly* 2: 245–65.

Mahoney, James, and Gary Goertz. 2004. "The Possibility Principle: Choosing Negative Cases in Comparative Research." *American Political Science Review* 98: 653–69.

Merton, Robert K. 1973. *The Sociology of Science: Theoretical and Empirical Investigations.* Chicago: University of Chicago Press.

Mill, John Stuart. 1967 [1843]. *A System of Logic: Ratiocinative and Inductive.* Toronto: University of Toronto Press.

Moore, Barrington, Jr. 1966. *The Social Origins of Dictatorship and Democracy: Lord and Peasant in the Making of the Modern World.* Boston: Beacon.

Nieuwbeerta, Paul. 1995. *The Democratic Class Struggle in Twenty Countries, 1945–1990.* Amsterdam: Thesis Publishers.

Nieuwbeerta, Paul, and Nan Dirk de Graaf. 1999. "Traditional Class Voting in Twenty Postwar Societies." In *The End of Class Politics? Class Voting in Comparative Context,* ed. Geoffrey Evans. Oxford: Oxford University Press.

Nieuwbeerta, Paul, and Wout Ultee. 1999. "Class Voting in Western Industrialized Countries, 1945–1990: Systematizing and Testing Explanations." *European Journal of Political Research* 35: 123–60.

Nieuwbeerta, Paul, Nan Dirk de Graaf, and Wout Ultee. 2000. "Effects of Class Mobility on Class Voting in Post-War Western Industrialized Countries." *European Sociological Review* 16: 327–48.

Nunnally, Jum, and Ira Bernstein. 1994. *Psychometric Theory.* New York: McGraw Hill.

Pawson, Ray. 1989. *A Measure for Measures: A Manifesto for Empirical Sociology.* New York: Routledge.

Ragin, Charles C. 1987. *The Comparative Method: Moving beyond Qualitative and Quantitative Strategies.* Berkeley: University of California Press.

———. 1994. *Constructing Social Research: The Unity and Diversity of Method.* Thousand Oaks, CA: Pine Forge.

———. 1997. "Turning the Tables: How Case-Oriented Methods Challenge Variable-Oriented Methods." *Comparative Social Research* 16: 27–42.

———. 2000. *Fuzzy-Set Social Science.* Chicago: University of Chicago Press.

———. 2003a. "Making Comparative Analysis Count." COMPASSS working paper WP2003-10. www.COMPASSS.org/wp.htm.

———. 2003b. "Recent Advances in Fuzzy-Set Methods and Their Application to Policy Questions." COMPASSS working paper WP2003-9. www.COMPASSS.org/wp.htm.

———. 2004a. "From Fuzzy Sets to Crisp Truth Tables." COMPASSS working paper WP2004-28. www.COMPASSS.org/wp.htm.

———. 2004b. "La spécificité de la recherche configurationnelle." *Revue Internationale de Politique Comparée (RIPC)* 11: 138–44.

———. 2006a. "The Limitations of Net Effects Thinking." In *Innovative Comparative Methods for Policy Analysis: Beyond the Quantitative-Qualitative Divide,* ed. Benoît Rihoux and Heike Grimm. New York: Springer.

———. 2006b. "Set Relations in Social Research: Evaluating Their Consistency and Coverage." *Political Analysis* 14 (3): 291–310.

———. 2007. *User's Guide to Fuzzy-Set/Qualitative Comparative Analysis, Version 2.0.* www.fsqca.com.

Ragin, Charles C., Kriss A. Drass, and Sean Davey. 2007. *Fuzzy-Set/Qualitative Comparative Analysis 2.0.* www.fsqca.com.

Ragin, Charles C., and Benoît Rihoux. 2004. "Qualitative Comparative Analysis: State of the Art and Prospects." *Qualitative Methods* 2: 3–13.

Ragin, Charles C., and John Sonnett. 2004. "Between Complexity and Parsimony: Limited Diversity, Counterfactual Cases and Comparative Analysis." In *Vergleichen in der Politikwissenschaft*, ed. Sabine Kropp and Michael Minkenberg. Wiesbaden: VS Verlag fur Sozialwissenschaften.

Rihoux, Benoît, and Charles Ragin, eds. 2008. *Configurational Comparative Methods. Qualitative Comparative Analysis (QCA) and Related Techniques.* Thousand Oaks, CA: Sage.

Rokkan, Stein. 1975. "Dimensions of State Formation and Nation Building: A Possible Paradigm for Research on Variations Within Europe." In *The Formation of Nation States in Western Europe*, ed. Charles Tilly. Princeton, NJ: Princeton University Press.

Skocpol, Theda. 1979. *States and Social Revolutions—A Comparative Analysis of France, Russia, and China.* Cambridge, U.K.: Cambridge University Press.

Smithson, Michael. 1987. *Fuzzy Set Analysis for the Behavioral and Social Sciences.* New York: Springer-Verlag.

Smithson, Michael, and Jay Verkuilen. 2006. *Fuzzy Set Theory.* Thousand Oaks, CA: Sage.

Sobel, Michael E. 1995. "Causal Inference in the Social and Behavioral Sciences." In *Handbook of Statistical Modeling for the Social and Behavioral Sciences*, ed. Gerhard Arminger, Clifford C. Clogg, and Michael E. Sobel. New York: Plenum Press.

Sonnett, John. 2004. "Musical Boundaries: Intersections of Form and Content." *Poetics* 32: 247–64.

Stokke, Olav Schram. 2004. "Boolean Analysis, Mechanisms, and the Study of Regime Effectiveness." In *Regime Consequences: Methodological Challenges and Research Strategies*, ed. Arild Underdal and Oran R. Young. Dordrecht: Kluwer Academic.

Tetlock, Philip E., and Aaron Belkin, eds. 1996a. *Counterfactual Thought Experiments in World Politics: Logical, Methodological, and Psychological Perspectives.* Princeton, NJ: Princeton University Press.

———. 1996b. "Counterfactual Thought Experiments in World Politics: Logical, Methodological, and Psychological Perspectives." In *Counterfactual Thought Experiments in World Politics: Logical, Methodological, and Psychological Perspectives*, ed. Philip E. Tetlock and Aaron Belkin. Princeton, NJ: Princeton University Press.

Underdal, Arild, and Oran R. Young, editors. 2004. *Regime Consequences: Methodological Challenges and Research Strategies.* Dordrecht: Kluwer Academic.

Vanderborght, Yannick, and Sakura Yamasaki. 2004. "Des cas logiques contradictoires? Un piège de l'AQQC résolu à travers l'étude de la faisabilité politique de l'Allocation Universelle." *Revue Internationale de Politique Comparée* 11: 51–66.

Vaughan, Diane. 1986. *Uncoupling: Turning Points in Intimate Relationships.* New York: Oxford University Press.

Walker, Henry, and Bernard Cohen. 1985. "Scope Statements: Imperatives for Evaluating Theory." *American Sociological Review* 50: 288–301.

Weber, Max. 1949 [1905]. "Objective Possibility and Adequate Causation in Historical Explanation." In *The Methodology of the Social Sciences,* ed. Edward A. Shils and Henry A. Finch. Glencoe, NY: Free Press.

Winship, Christopher, and Stephen L. Morgan. 1999. "The Estimation of Causal Effects from Observational Data." *Annual Review of Sociology* 25: 659–706.

Winship, Christopher, and Michael Sobel. 2004. "Causal Inference in Sociological Studies." In *Handbook of Data Analysis,* ed. Melissa Hardy and Alan Bryman. London: Sage.

Zadeh, Lotfi. 1965. "Fuzzy Sets." *Information and Control* 8: 338–53.

———. 1972. "A Fuzzy-Set-Theoretic Interpretation of Linguistic Hedges." *Journal of Cybernetics* 2 (3): 4–34.

———. 2002. "From Computing with Numbers to Computing with Words." *Applied Mathematics and Computer Science* 12 (3): 307–32.

推荐阅读

中文书名	作者	书号	定价
公司理财（原书第11版）	斯蒂芬 A. 罗斯（Stephen A. Ross）等	978-7-111-57415-6	119.00
财务管理（原书第14版）	尤金 F. 布里格姆（Eugene F. Brigham）等	978-7-111-58891-7	139.00
财务报表分析与证券估值（原书第5版）	斯蒂芬·佩因曼（Stephen Penman）等	978-7-111-55288-8	129.00
会计学：企业决策的基础（财务会计分册）（原书第17版）	简 R. 威廉姆斯（Jan R. Williams）等	978-7-111-56867-4	75.00
会计学：企业决策的基础（管理会计分册）（原书第17版）	简 R. 威廉姆斯（Jan R. Williams）等	978-7-111-57040-0	59.00
营销管理（原书第2版）	格雷格 W. 马歇尔（Greg W. Marshall）等	978-7-111-56906-0	89.00
市场营销学（原书第12版）	加里·阿姆斯特朗（Gary Armstrong），菲利普·科特勒（Philip Kotler）等	978-7-111-53640-6	79.00
运营管理（原书第12版）	威廉·史蒂文森（William J. Stevens）等	978-7-111-51636-1	69.00
运营管理（原书第14版）	理查德 B. 蔡斯（Richard B. Chase）等	978-7-111-49299-3	90.00
管理经济学（原书第12版）	S. 查尔斯·莫瑞斯（S. Charles Maurice）等	978-7-111-58696-8	89.00
战略管理：竞争与全球化（原书第12版）	迈克尔 A. 希特（Michael A. Hitt）等	978-7-111-61134-9	79.00
战略管理：概念与案例（原书第10版）	查尔斯 W. L. 希尔（Charles W. L. Hill）等	978-7-111-56580-2	79.00
组织行为学（原书第7版）	史蒂文 L. 麦克沙恩（Steven L. McShane）等	978-7-111-58271-7	65.00
组织行为学精要（原书第13版）	斯蒂芬 P. 罗宾斯（Stephen P. Robbins）等	978-7-111-55359-5	50.00
人力资源管理（原书第12版）（中国版）	约翰 M. 伊万切维奇（John M. Ivancevich）等	978-7-111-52023-8	55.00
人力资源管理（亚洲版·原书第2版）	加里·德斯勒（Gary Dessler）等	978-7-111-40189-6	65.00
数据、模型与决策（原书第14版）	戴维 R. 安德森（David R. Anderson）等	978-7-111-59356-0	109.00
数据、模型与决策：基于电子表格的建模和案例研究方法（原书第5版）	弗雷德里克 S. 希利尔（Frederick S. Hillier）等	978-7-111-49612-0	99.00
管理信息系统（原书第15版）	肯尼斯 C. 劳顿（Kenneth C. Laudon）等	978-7-111-60835-6	79.00
信息时代的管理信息系统（原书第9版）	斯蒂芬·哈格（Stephen Haag）等	978-7-111-55438-7	69.00
创业管理：成功创建新企业（原书第5版）	布鲁斯 R. 巴林格（Bruce R. Barringer）等	978-7-111-57109-4	79.00
创业学（原书第9版）	罗伯特 D. 赫里斯（Robert D. Hisrich）等	978-7-111-55405-9	59.00
领导学：在实践中提升领导力（原书第8版）	理查德·哈格斯（Richard L. Hughes）等	978-7-111-52837-1	69.00
企业伦理学（中国版）（原书第3版）	劳拉 P. 哈特曼（Laura P. Hartman）等	978-7-111-51101-4	45.00
公司治理	马克·格尔根（Marc Goergen）	978-7-111-45431-1	49.00
国际企业管理：文化、战略与行为（原书第8版）	弗雷德·卢森斯（Fred Luthans）等	978-7-111-48684-8	75.00
商务与管理沟通（原书第10版）	基蒂 O. 洛克（Kitty O. Locker）等	978-7-111-43944-8	75.00
管理学（原书第2版）	兰杰·古拉蒂（Ranjay Gulati）等	978-7-111-59524-3	79.00
管理学：原理与实践（原书第9版）	斯蒂芬 P. 罗宾斯（Stephen P. Robbins）等	978-7-111-50388-0	59.00
管理学原理（原书第10版）	理查德 L. 达夫特（Richard L. Daft）等	978-7-111-59992-0	79.00

管理人不可不读的经典

“华章经典·管理”丛书

书名	作者	作者身份
科学管理原理	弗雷德里克·泰勒 Frederick Winslow Taylor	科学管理之父
马斯洛论管理	亚伯拉罕·马斯洛 Abraham H.Maslow	人本主义心理学之父
决策是如何产生的	詹姆斯 G.马奇 James G. March	组织决策研究领域最有贡献的学者
战略管理	H.伊戈尔·安索夫 H. Igor Ansoff	战略管理奠基人
组织与管理	切斯特·巴纳德 Chester Lbarnard	系统组织理论创始人
戴明的新经济观 (原书第2版)	W. 爱德华·戴明 W. Edwards Deming	质量管理之父
彼得原理	劳伦斯·彼得 Laurence J.Peter	现代层级组织学的奠基人
工业管理与一般管理	亨利·法约尔 Henri Fayol	现代经营管理之父
Z理论	威廉 大内 William G. Ouchi	Z理论创始人
转危为安	W.爱德华·戴明 William Edwards Deming	质量管理之父
管理行为	赫伯特 A. 西蒙 Herbert A.Simon	诺贝尔经济学奖得主
经理人员的职能	切斯特 I.巴纳德 Chester I.Barnard	系统组织理论创始人
组织	詹姆斯·马奇 James G. March	组织决策研究领域最有贡献的学者
论领导力	詹姆斯·马奇 James G. March	组织决策研究领域最有贡献的学者
福列特论管理	玛丽·帕克·福列特 Mary Parker Follett	管理理论之母

华章经典·经济

书号	书名	定价	丛书名
978-7-111-59616-5	普惠金融改变世界：应对贫困、失业和环境恶化的经济学	49.00	华章经典·经济
978-7-111-42278-5	自由选择（珍藏版）	49.00	华章经典·经济
978-7-111-42200-6	生活中的经济学	49.00	华章经典·经济
978-7-111-42426-0	增长的极限	40.00	华章经典·经济
978-7-111-52435-9	共享经济：市场设计及其应用	49.00	华章经典·经济
978-7-111-42617-2	不平等的代价	49.00	华章经典·经济
978-7-111-51971-3	金色的羁绊：黄金本位与大萧条	69.00	华章经典·经济